股市晴雨表

判斷股市多空轉折的百年金律

THE STOCK MARKET BAROMETER

William P. Hamilton

威廉‧彼得‧漢密爾頓——著　林奕伶——譯

Contents 目錄

專文導讀｜百年經典，歷久彌新 011

序言｜威廉・彼得・漢密爾頓 017

☀ 第一章 ⇧

週期與股市紀錄 019

週期與詩人／週期性／晴雨表的需求／道氏理論／道氏理論的意義
以道瓊平均指數為標竿

☀ 第二章 ⇧

電影中的華爾街 029

電影與通俗劇／小說中的金融家／大禮帽與緊繃的臉／穿透歷史濃霧
寡婦與孤兒／道氏理論適用於任何股市／沒有事實為證的論據就是謬誤
惡對善的致敬／塞西爾・羅德斯與JP摩根／典型並非無法言傳
人性不會改變／三一教堂的鐘聲

☀ 第三章 ⇧

查爾斯・道及其理論 045

道氏不只是報人／道氏的告誡及其理論／道氏的錯誤／耶方斯的恐慌時期
道氏的美國危機紀錄／薄弱的預測／尼爾森的投機著作

☀ 第四章 ↑

道氏理論的投機應用 057

投機行為下的真相／有用的定義／成功的預測／「罷免」預言家
股價走勢的同時性／必要的知識／一篇有啟發性的社論／根據平均指數交易

☀ 第五章 ↑

股市的主要波動 069

平均指數本身就夠了／市場大於任何操縱／寫在牛市期間／主要走勢
令人側目的預測／市場永遠是對的──／──卻始終無人感謝
華爾街是農民之友

☀ 第六章 ↑

股市預測的罕見特質 081

主要趨勢不受操縱／永遠無法達成的融資／可能進行操縱的部分
羅傑‧巴布森的理論／巴布森的圖表／股市多空是如何預測的？
真正的晴雨表／被高估的週期／秩序是天地間第一法則

☀ 第七章 ⍟

操縱行為與專業交易 095

一如既往的事實／當代案例／亨利·羅傑斯及其批評者
投機者對未來的推論／道氏的清楚定義／有人輸得起──
──有人輸不起／拒絕成為古爾德的合夥人／精明的交易商
鍋爐的調節刻度表

☀ 第八章 ⍟

市場的機制 111

交易商與賭徒／欲加之罪／場內自營商與價差／買空賣空／滿意的老顧客
無須為市場辯解／專業交易商的有限影響力／賣空有必要且有用
上市公司揭露條款的保護作用／聯邦企業管理／由內部而起的真正改革

☀ 第九章 ⍟

晴雨表中的「水分」...............127

摻了水分的勞動力／擠出水分／股票收益與所得稅／適度分散的持股
「估價」與市值／股票摻水的迷信／根據價值買進／羅素·賽吉的故事
價值與平均指數／謹慎但正確的預測／牛市確認／道氏理論的證明

☀ 第十章 ⚑

有一小片雲，不過如人手那樣大 143

舊金山大地震／姑且稱之為火災／災難對股市的影響／困境下完善的預測
災難的嚴重程度／牛市中的跌勢反彈／平均指數的推論一向正確
熊市的開端／繁榮時期與下降的晴雨表／空頭言論的影響
不正常的貨幣市場／不過如人手那樣大／政治的死亡之手

☀ 第十一章 ⚑

毫髮無傷的週期 161

溫和審慎的週期／週期理論的基礎／不相符的年分／迷失在過渡期
作用力真的相等嗎？／商業病理學有其必要／聯邦準備體系保護措施
華爾街的師父／物理學定律適用股市嗎？／不可預料的幅度與時間
故弄玄虛的師父／情報販子與消息靈通人士／值得信賴的指南

☀ 第十二章 ⚑

預測牛市 177

不帶個人觀點的社論／察覺熊市行情的尾聲／曾自我校準的晴雨表
預言太快成真／勇氣十足的預測／回顧股市崩盤／牛市態勢可辨
摒棄「輕浮的」復甦／成交量的意義／不偏不倚的心態
一次不成功的猜測／平均指數必定相互驗證／言歸正傳

☀ 第十三章 ⇧

次級走勢的本質與用途 193

如何判斷市場轉折？／華爾街的流星多於恆星／專家的優勢
成長中的專業人士／華爾街通常看多／詹姆斯・基恩／愛迪生・柯馬克
賣空大宗商品／晴雨表如何自我調整？／不算好得不真實

☀ 第十四章 ⇧

一九〇九年，以及歷史的部分缺陷 207

不平衡的等式／不充分的假設前提／優秀人才知之甚少
不必要的準確性／一九〇九年的雙重頂／警告股票多頭／批評評論者
太過簡略的紀錄／歷史如何記錄錯誤？／哪裡有商業紀錄？
誰為薛西斯融資？／中世紀的銀行業／信用的出現
社會主義的錯誤假設／完善且保守的預測／晴雨表的有效性日增

☀ 第十五章 ⇧

曲線與實例 229

定義／預測戰爭／「曲線」的定義／究竟是怎麼一回事？
「曲線」與成交量的關係／如何確知牛市？／晴雨表的局限
投機的必要與作用／困難但並無不公／誰造就市場？
投機的合理根據／市場氣氛

☀ 第十六章 ⇧

證明規則的例外 245

必要的歷史知識／有缺陷的晴雨表／重要的股債區別／給外行人的定義
政府擔保的影響／平均指數如何出現分歧？／埃施─康明斯法案
「管制解除前」的賣點／本質差異／判斷能力與幽默感
數據對於預測的重要性

☀ 第十七章 ⇧

晴雨表最有力的證明 259

戰爭的不確定性／如果是德國獲勝呢？／英國的國債／我們的責任
勞動力掺水的意義／偷工減料的代價／二次通膨及之後
晴雨表的品質無庸置疑／預測戰爭

☀ 第十八章 ⇧

鐵路業的管制 273

帶有預測的圖表／比主要趨勢更大的行情／羅斯福與鐵路
發展受阻的鐵路里程數／人類愚行週期／柯克西失業請願軍
繁榮的十年／「耶書崙漸漸肥胖，便離棄造他的神」／輿論的重新考慮
回憶林肯／政府干預的代價／均貧的立法

☀ 第十九章 ⇧

關於市場操縱的研究 ……………289

從罪惡中孕育／聯合銅業公司／基恩在股票發售的作用
美鋼與聯銅的區別／早期的操縱活動／基恩的首次亮相
助長操縱行為的牛市行情／基恩的第二次出手／基恩的最後一次出手
投資大眾自己創造的榮景／他們的金磚／石油公司與大頭症
操縱市場事件的教訓／消除不良新聞報導／永遠有原因，也永遠有新聞
真正的新聞保護大眾

☀ 第二十章 ⇧

結論 ……………309

投機行為的預測價值／知道「何時罷手」的先知／預測大小行情
週期理論的有用之處／成交量萎縮及其影響／遏制鐵路業
工業中的政治干預／塔夫脫總統繼承的政策／作繭自縛／真實的心理狀態
改革還是革命？／改革的障礙及其後果

☀ 第二十一章 ⇧

回歸正常 ……………323

例證說明的「曲線」／幾個成功預測的例子／次級下跌／短暫的熊市走勢
交易稅賦的影響／新的牛市／技術條件有變／晴雨表顯示的跡象

☀ 第二十二章 ⌂

給投機者的幾點想法 337

你在賭博嗎？／晴雨表的真正保護作用／投機與賭博／不該碰的股票
關於保證金／小交易員與大操盤手／道氏語錄／避免交易不活躍的股票
略述聯合證券交易所／小談賣空／在回檔下跌時買進／賠錢的方式
另一種賠錢的方式／最後的想法

☀ 附錄 ⌂

道瓊平均指數的組成 355

• 二十檔鐵路股
• 二十檔工業股

專文導讀

百年經典，歷久彌新

安納金｜暢銷書《一個投機者的告白實戰書》、
《高手的養成》、《散戶的50道難題》作者

　　本書是將「道氏理論」在全世界發揚光大的經典之作，英文版原著《*The Stock Market Barometer*》於一九二二年問世，儘管已歷經近百年的考驗，但書中精髓卻仍歷久彌新且影響長遠！

　　作者漢密爾頓並非道氏，但他和羅伯特・雷亞（Robert Rhea）、E・喬治・希弗（E.George Schaefer）三位，堪稱是將道氏理論具體描繪完整、推向全世界的主要貢獻者。《華爾街日報》和道瓊公司創建者查爾斯・道則是道氏理論的奠基者、一切的源頭。

　　一八九六年開始，查爾斯・道發表他所編製的「道瓊

斯工業平均指數」，並且每天記錄、公開刊載於《華爾街日報》，時至今日，該指數已經是全世界金融市場上歷史最悠久、也是最具公信力的美股主要指數之一。查爾斯‧道在生前不僅長期追蹤記錄該指數，同時根據自己對這個指數起伏變化的觀察，發表在《華爾街日報》的社論，儘管他本人從未定義「道氏理論」這個用詞，但後來在漢密爾頓等人不遺餘力的努力之下，道氏理論才具體成形並被推廣到全世界。

近百年的濫觴，古今中外透過道氏理論分析、判斷股市行情的人肯定超過上千萬人口，為什麼它可以通過百年的時間考驗而歷久彌新？為什麼全世界的金融環境經歷過十數次的興衰更迭，而該理論仍被驗證為顛撲不破的市場真理之一？英國十九世紀初期偉大的浪漫主義詩人拜倫（Byron）的一段詩句提供了極佳的詮釋，他說：「歷史，無論多麼波瀾壯闊，卻是如出一轍。」

事實上，道氏理論相似於我們生活中所存在的各種自然法則之一，就像層層海浪間交織著潮汐、波浪與漣漪千變萬化那樣，自然而然，無論多麼洶湧澎湃，卻是不斷地迴圈重複。也因此，讓這套分析方法易於理解及應用，無庸置疑地在坊間相傳百年之後仍然佔有一席之地。我深切

相信，道氏理論在未來的一百年還是會繼續被人們廣泛沿用，因為股市的漲跌始終來自於人性，除非人性被磨滅了，否則它所呈現的盛衰自是旋轉不息，循環周行當然不會終止。

我深深認同漢密爾頓在本書所說的：「引發危機的往往就是人們的想像力太豐富。我們需要的是沒有靈魂的晴雨表、價格指數與平均數，讓我們知道自己正往哪裡去，並預料可能發生什麼事。最好的晴雨表，就是證券交易所記錄的價格平均指數，因為那是最不偏不倚、最無情的晴雨表。」基於人性的脆弱，使得投資人在股市中不斷地犯錯，我們既然無法改變自己的人性，於是需要尋求一套更客觀、不帶情感的分析工具，來輔助我們的投資決策，避免因情緒的過度反應而導致失敗後悔的交易。

本書作者藉由嚴謹的分析，證明「股市晴雨表」的精準度，足以通過多年的漫長檢驗。書中收錄了美股自一九〇〇年開始，到一九二三年這二十多年間道瓊斯工業平均指數的週期循環，並根據道氏理論的價格走勢規律，紀錄與分析來驗證道氏理論的實用性。書中對於股市的主要漲勢或跌勢的擘畫，時間從小於一年到超過三年不等；還有依照情況不同，打斷隱藏在主要趨勢羽翼下的次級反彈或

回檔變化；以及相對不重要、但一直存在的每日波動。

　　簡單的來說，就像潮汐、波浪、以及漣漪。例如目前全世界股市的潮汐主要受到全球央行貨幣政策鬆緊的影響，往往週期長達五至十年；波浪則受到較小的景氣與產業循環週期影響，市場參與者在貪婪和恐懼之間的信心擺盪也扮演一定的要角；更小的股市波動則有如漣漪，起因往往來自市場上雜亂無章的多空訊息影響了投資人心理，而呈現出不規則的跳動。

　　本書歸納出支配股市走勢的定律，不僅適用於美國股市，同樣也適用於世界各國的股市。作者論述：「就算那些證券交易所和紐約證券交易所都消失無存，定律的根本原則也依然為真。任何大都市若重新建立自由的證券市場，它們會自動且必然再次生效。就我所知，倫敦的金融出版品從來沒有與道瓊平均指數相當的紀錄。但當地的股市若有類似的資料，也能有和紐約市場相同的預測品質。」顯見道氏理論及股市晴雨表確實能夠發揮作用，提供投資人決策判斷的信賴度，它不受國家、地域的限制，也不會因為主政者而扭曲其運作機制（政府政策會對短期市場的表現帶來影響，而這也是被道氏理論當中納入的，屬於運作機制之一）。

以當今的全球金融市場為例，當二○二○年第一季COVID-19疫情在全球逐漸擴散，導致三月份的金融市場重挫，因美國聯準會祭出無限量QE的救市手段，大舉擴張資產負債表來印鈔票支撐市場，熱錢效應使得資金的「潮汐」再度漲潮，推升了美股S&P500指數、NASDAQ指數，以及費城半導體指數陸續創下歷史新高，引領美股的主要趨勢建立在美國聯準會的大力救市而獲得延續；然而，短時間內過大的股市漲勢拉高本益比的同時亦伴隨而來的修正，這就是次級波的反向擺盪，至於股市的拉回修正達到什麼程度將視為趨勢的轉變，這在道氏理論當中是有具體定義與描述的。

在許多經驗豐富的老手眼中，光憑主要趨勢及次級波擺盪之間的關係，就大致能夠做出對股市行情所處位置的判斷、據以進行持股水位高低的調整（儘管沒有人能夠事前百分之百判斷正確，但可以隨著每一天的最新走勢，邊觀察邊做調整）。無論在美國、台灣或更多國家，道氏理論以及相關延伸的分析判斷方法，已經成為了技術分析領域的一門基礎，包含「艾略特波浪理論」也可以說是建構在道氏理論的基礎之上，進而延伸發展出來的模型與應用。若您是曾經學過道氏理論的老手，此時正適合再次重

溫這部百年經典之作；若您是第一次接觸的新手，極力推薦本書的確是追本溯源道氏理論歷史背景最具公信力的代表作，豈容錯過！

　　願善良、紀律、智慧與你我同在！

PREFACE
序言

威廉・彼得・漢密爾頓

所謂的序言，往往是一種辯解——至少要說明某些原本就該說清楚的內容。本書不需要任何辯解，如果書本身未能解釋明白，錯在作者。不過，我必須在此感謝道瓊公司（Dow, Jones & Co.,）總裁克萊倫斯・巴倫（Clarence W. Barron），以及優秀的道瓊金融新聞服務經理約瑟夫・凱希曼（Joseph Cashman），允許我引用本書不可或缺的道瓊股價指數，我還要感謝同樣在華爾街報業工作的老同志，也是這些指數的編纂者——查爾斯・任肯（Charles F. Renken），製作本書用以說明的圖表。

第一章

週期與股市紀錄

CYCLES AND STOCK MARKET RECORDS

　　已故英國經濟學家耶方斯（William Stanley Jevons），性情樸實誠摯，著作通俗易讀，他曾提出商業恐慌與太陽黑子之間有關的理論。他列出從十七世紀初開始的一連串日期，顯示這兩種現象有明顯的一致性。但他忽略兩個世紀前一場相當醜惡的商業擠兌事件，因為當時的太陽黑子數量不足以為佐證，這完全符合人性而且討喜。

　　一九〇五年初，我在《紐約時報》寫了一篇文章評論耶方斯的理論，文中指出：儘管華爾街打從內心相信有個恐慌與繁榮週期，卻不在乎是否有足夠的太陽黑子能組成

一副同花順。當時我年輕莽撞又狂妄。或許我應該更委婉地說，偶然的週期性關聯證明不了什麼，就像總統大選都正逢閏年的巧合一樣。

▶ 週期與詩人

許多經濟學教師，以及甚至不敢自稱「研究者」這種謙虛頭銜的許多生意人，他們對人世間「有其週期」有一種深刻理智的信念。不需要了解愛因斯坦的相對論，也能明白世界的道德發展是不可能以「直線」進行的。變動趨勢至少更類似衛星繞行太陽，也就是帶著所有伴隨的行星，朝向織女星座移動。

詩人肯定相信週期理論。拜倫（Byron）的作品〈哈羅德公子遊記〉中有一段精彩的詩句，準確來說，應該是從前面的省略號到「梅塔拉之塔」（Metella's Tower）為止的段落。拜倫的週期是：

所有人類故事都有道德意義，

一切不過是過去的重複；

先是自由，再來是榮耀；待榮耀衰敗時，

財富、邪惡、腐敗，野蠻終將到來，

而歷史，無論多麼波瀾壯闊，

卻是如出一轍。

恐慌與繁榮似乎有各自的週期。對現代史有初步認識的人，都能列舉出經濟恐慌的年代：一八三七、一八五七、一八六六（倫敦的歐維倫古內銀行〔Overend-Gurney〕危機）、一八七三、一八八四、一八九三、一九〇七，或許還會猶豫地添上通貨緊縮的一九二〇年。至少經濟恐慌之間的間隔各不相同，從十年到十四年不等，間隔時間明顯愈來愈長。我們將在後面的章節分析這個週期理論，測試可能的有效性。

▶ 週期性

但就算只是個初步假設，理論的實用基礎仍在於人性本身。繁榮會趨使人類毫無節制，而對無節制造成的結果感到的悔恨，又會產生同樣的消沉。在絕對恐慌的黑暗時期之後，勞工將對所得心存感激，並從更微薄的薪資中慢慢積攢，同時資本將滿足於稀薄的利潤與快速的回報。

接著，會有一段重新調整期，類似一八九三年的經濟恐慌後，大部分美國鐵路公司經歷的重整。在這個階段，我們醒悟到收入超過支出、貨幣貶值、冒險精神瀰漫。我們從停滯平靜的經濟時期進入真正的活躍。情勢逐漸發展成廣泛投機，貨幣利率攀升、薪資膨脹，還有其他熟悉的徵兆。經過幾年的好光景後，緊繃的鏈條來到了最脆弱的一環。出現了類似一九〇七年的經濟崩潰，蕭條景況首先反映在股市與商品價格上，隨之而來的是大規模失業，儲蓄銀行的存款通常會增加，但是徹底缺乏冒險的資金。

▶ 晴雨表的需求

請再次讀一遍上述拜倫的詩句，並留意其中是否有類比暗示的意義。如果不能至少用上一點詩人的想像力，那麼任何商業上的討論又有什麼價值呢？然而遺憾的是，引發危機的往往就是人們的想像力太豐富。我們需要的是沒有靈魂的晴雨表、價格指數與平均數，讓我們知道自己正往哪裡去，並預料可能發生什麼事。最好的晴雨表，就是證券交易所記錄的價格平均指數，因為那是最不偏不倚、最無情的晴雨表。指數的組成分子各不相同，而且早年的

證券數量較少，但道瓊新聞社持續記錄這些數據，已經超過三十年。

有一套解讀晴雨表的方法能帶來豐碩的成果，只是解讀結果有時會同時得罪樂觀主義者和悲觀主義者。當晴雨表預報壞天氣將至的時候，天空可能沒有一絲雲朵──心懷幻想是無濟於事的，因為可憐的布朗夫人在後院栽種的甘藍菜，即將被暴雨摧毀。多年來，我有幸根據《華爾街日報》創辦人、已故的查爾斯・道所檢驗的理論，撰文討論那些平均指數。若說這套價格走勢的分析屢屢證明有其效用，或許並不恰當，但是靠著解讀晴雨表、根據討論而大膽冒險的人都不會忘記：當布朗太太的甘藍菜被壞天氣摧毀時，那種悔不當初的憤慨之情。

▶ 道氏理論

道氏理論基本上很簡單。它指出，股市同時有三種走勢在進行[1]，其中最重要的就是「主要走勢」。例如從一九

1　即主要走勢、次要走勢，以及日常波動的小型走勢。

〇〇年麥金萊（McKinley）[2]競選總統連任時開始的多頭主要走勢（牛市），在一九〇二年九月結束。一九〇一年北太平洋鐵路（Northern Pacific）壟斷案引發著名的股市恐慌，當時雖然抑制了股市的多頭，卻並未阻止其主要趨勢；或者如一九一九年十月左右開始發展的空頭主要走勢（熊市），到了一九二一年六至八月期間結束。

我們會看到：這個主要走勢通常延續至少一年，而且時間大多會拉得更長。與此重疊的，或者說在這過程當中，還有道氏所說的「次級走勢」。次級走勢呈現的形式就是熊市期間出現的劇烈反彈，以及牛市期間的急遽回檔。

後者有個令人印象深刻的例子，即一九〇一年五月九日的股市崩盤。工業類股（有別於鐵路公司）在類似的次級走勢中，可能反彈的幅度遠大於鐵路類股，或者由鐵路類股帶領走勢；不用說，走勢同時在變化的二十檔活躍鐵路類股和二十檔工業類股，就算在主要趨勢中也不會完全同步上漲。在一九一九年十月開始的熊市之前，有一段長

2　美國第二十五任總統，麥金萊在一九〇〇年的大選中贏得連任，但隔年即遇刺身亡，繼任者為狄奧多·羅斯福。

期漲勢，鐵路類股較為低迷，相較之下不活躍也不受重視，顯然是因為當時鐵路公司的所有權遭政府收歸國有，並由政府擔保，等於脫離了投機領域，因此對「投機晴雨表」並未發揮正常的影響。在所有權重新回歸民間擁有時，這些鐵路公司又將恢復過去的重要性。

● 道氏理論的意義

道氏指出，顯然有個基本的每日波動，與市場主要趨勢和次級走勢同時發生、而且始終存在。這裡必須指出，平均指數用在個股的投機活動具有欺騙性。投機客若從平均指數看出預兆，認為一九〇一年五月會有一波次級走勢，萬一他因此在所有股票中，選擇賣空北太平洋鐵路公司，那會怎麼樣呢？有些交易商就是這樣做，他們若是能回補65點的損失就算幸運了。

道氏理論在實踐中衍生出許多含義。其中最經得起檢驗的，就是兩種平均指數互為驗證，而且在主要趨勢中從未出現不一致，在次級趨勢中也鮮有不一致。仔細檢驗平均指數的數字，會看出有些期間是若干星期都在狹幅區間波動；例如工業類股不會低於70點或高於74點，鐵路類

股不會高於77點或低於73點。這在專業上稱為「做線」（making a line），而且經驗顯示，這代表會有一段時間的股票分散或集中行為。當兩個平均指數升到線的高點之上，代表強烈多頭。這或許意味著熊市中有一波次級漲勢；一九二一年時，則代表牛市趨勢登場，並延續至一九二二年。

不過，如果兩種平均指數跌破較低水準，顯然股票市場已經達到氣象學家所謂的「飽和點」，降雨會隨之而來——牛市中出現次級空頭走勢，或者出現主要下跌走勢的開端，例如一九一九年十月的情況。

一九一四年紐約證券交易所關閉後，被選中做比較的工業類股數量，從十二檔增加到二十檔，平均指數似乎出現動盪，特別是如通用電氣（General Electric）等股票的驚人走勢，造成工業類股的波動遠比鐵路類股的波動更引人注意。只不過，研究平均指數的人回顧選中的這二十檔股票，找出它們之前幾年的波動，發現幾乎每日變化都與原先挑選的十二檔股票波動紀錄一致。

▶ 以道瓊平均指數為標竿

　　儘管有大量模仿者，道瓊平均指數依然是普遍的標準。解讀的方法有無數種；但是沒有一個能像「道氏理論」一樣經得起檢驗。其他各種方法的缺點在於，為了虛無的相關性而納入無關緊要的因素。有些徒勞的做法則是企圖結合成交量，或是參考大宗商品指數來解讀平均指數。但是平均指數顯然已經將那些因素都納入考慮了，就像晴雨表考慮到影響天氣的所有因素。價格走勢代表華爾街累積的知識，以及最重要的是——集體對未來事件的認識。

　　華爾街沒有人是全知全能的。據我所知，在亨利・羅傑斯（Henry H. Rogers）那個年代有個「標準石油幫」（Standard Oil crowd）[3]，這幫人多年來對股市的看法一直都是錯的。擁有「內幕消息」是一回事，知道股價會有什麼反應又是另外一回事。

　　市場代表所有人所知、所希望、所相信、所預期的一切，而一切種種歸根結柢，就如同美國參議員杜立佛

3　從一八九〇年開始，美國報界將那些和標準石油公司關係密切的利益集團稱為「標準石油幫」，其主要成員包括：洛克菲勒、亨利・羅傑斯、詹姆斯・斯蒂爾曼（James Stillman）和亨利・弗拉格勒（Henry Flagler）。

（Dolliver）在參議院引用《華爾街日報》社論所說的,「市場最終會無情冷酷地作出判決」。

第二章

電影中的華爾街

WALL STREET OF THE MOVIES

　　本書接下來的部份，將藉由嚴謹的分析，證明「股市晴雨表」的精準度，並且通過多年的漫長檢驗。借助道氏的股票走勢理論，我們將檢驗重大的主要漲勢或跌勢，時間從小於一年到超過三年不等；還有依照情況不同，打斷主要趨勢的次級反彈或回檔變化；以及相對不重要、但一直存在的每日波動。我們將看到，這些走勢變化都是基於華爾街對全國商業情勢的整體認識；它們與道德和歲差[1]無關，且市場操縱不可能對晴雨表有實際影響。

1　歲差（precession of the equinoxes），意指天文觀測中，天體受重力牽引所產生緩慢且規律的運動現象。

▶ 電影與通俗劇

不過，從我收到一些讀者來信的觀點中判斷，這個問題根本無需爭辯，因為據稱就算華爾街上法庭也絕非是清白無辜的。在過去，若指出市場冷靜而近乎無情的走勢，跟偶爾出現而破壞了市場紀錄的醜聞毫無關係，至少令人聽了會沮喪不已。

但是那些只會輕信感覺的人，比起懂得思考的人，比例有如天壤之別。前者的數量如此眾多，因而不得不屈從於他們，只是我依然拒絕為股市辯解。我倒寧願為格林威治子午線辯解。套用葛洛弗‧克里夫蘭（Grover Cleveland）[2]的至理名言，我們面對的是一種「狀況」，而不是「理論」。

在大眾的想像中，華爾街給人既害怕又美好的印象——我們可稱之為「電影中的華爾街」。英國人所說的「電影」（cinema），相當於我們祖父輩那一代常見的通俗劇（melodrama）的現代替代品。兩者的角色出奇地相似，裡面的反派和吸血高利貸，完全不像現實生活中會出現的

2　美國第二十二及第二十四任總統。

東西；但他們的表現卻與反派或高利貸應有的模樣如出一轍，彷彿是為了滿足那些從未見過這兩種人物的評論家。

多年前，傑羅姆（Jerome K. Jerome）[3]曾在他的著作中花了一整章的篇幅描寫舞台上的定律。他指出，在英國的戲劇舞台上，萬一用三先令六便士辦理的結婚證書遺失了，婚姻就會失效；若是有人死亡，立遺囑者的財產就會歸於取得遺囑者；萬一有錢人死亡時未留下遺囑，財產則歸於他身邊最親近的壞蛋。那時候，舞台上的律師看起來個個伶牙俐齒，偵探看起來就像目光銳利的獵犬，只有金融家的形象，看起來就像是有傷體面一樣。

▶ 小說中的金融家

銀幕上的現代金融家看起來就像那個樣子，特別是在「特寫鏡頭」中。但是那並非新鮮的產物。我記得二十年前曾看過一篇雜誌報導，說起一場由詹姆士·基恩（James R. Keene）[4]之流的厲害「操縱者」，發動一場股市突擊。插

3　二十世紀英國幽默作家。
4　華爾街知名股票經紀人，曾為摩根大通及石油大王洛克斐勒管理資金。

圖畫得很好，甚至有些驚悚。其中一張插圖描繪基恩（或是以他為原型的人物），正誇張地弓背埋首在紐約聯合證券交易所的股價收報器之上！我們可以假設，他正一次10股地分批猛烈攻擊市場——只有基恩做得到，而且只有電影中的基恩會做那樣的事。

那篇報導的作者埃德溫・勒菲弗（Edwin Lefevre）[5]，當時將他的才華浪擲在紐約《環球》（Globe）雜誌那些模稜兩可的財經短文上，他認為自己懷才不遇。但或許他應該感謝自己。以下是他對這種「操縱者」的描述。內容出自於他在一九〇一年發表的短篇故事《松節油的崩盤》（The Break in Turpentine）：

「現在的股市操縱者是天生的，而非後天養成。這門技藝十分困難，因為操縱股票要做得高明，使其看起來不像是受到操縱。任何人都可以買賣股票。但不是每個人都能在賣出股票時，同時讓人感覺他是在買進，所以股價勢必會上漲。這需要大膽與高超的判斷、股市技術面的知識、聰明過人且心思敏捷、通曉人性、仔細研究過賭博的

5　美國記者、作家及政治家，著有經典之作《股票作手回憶錄》，大牌出版。

奇特心理現象，並有和華爾街人士打交道的長期經驗，能應付美國人的美好想像；更別說還要熟識形形色色受雇的股票經紀人，了解他們的能力、局限與個人性情；還有雇用他們的價錢。」

這是一部號稱虛構的小說，卻也是一部比通俗劇或電影更真實、更可敬的藝術品。小說並沒有強調跟價值、商業情勢有關的深入知識，但那些是必要條件，可確保存在著「能夠進行操縱行為」的市場情況。真實情況比小說更離奇，或許也更難描述，不過這個評論極有可能引來駁斥。

▶ 大禮帽與緊繃的臉

不久之前，一份廣為流行的報紙上出現了一篇投書，因其所謂的「反華爾街情結」而聲名大噪。該篇投書用一連串的驚嘆，宣稱它要描述一個西部外地人走訪華爾街的印象。那些「閃光亮點」之一，就是「大禮帽與緊繃的臉」。

說得精確一點，我曾在華爾街見過一次有人戴大禮帽。當時是一九〇一年，賽斯・洛（Seth Low）市長為新的紐約證交所開幕剪綵。當時我耿直的速記員還稱讚那位

老兄的裝扮很時尚。但是電影中的金融家通常會戴著大禮帽，就像通俗劇中的主角，即使落魄潦倒衣衫襤褸，還是穿著漆皮鞋。銀幕上的金融家若沒有戴大禮帽，就像不加鹽的蛋——按此要求，我們不得不推斷那位金融家是顆不好的蛋。

▶ 穿透歷史濃霧

僅僅幾年前，一檔稱為「斯圖茲汽車」（Stutz Motor）[6]的股票，發生嚴重的地方性「囤積」醜聞，因為當時這檔股票還未能在真正的交易市場上買賣。除了幾個選擇賣空的投機者，沒有人承受損失，況且那些投機者也沒有多囉嗦就付清了欠款。然而，這起事件卻構成了難以抗辯的強大論據，引發大眾對華爾街的普遍攻擊。

紐約的一家報紙曾報導說，這起事件與「大都會輕軌公司的行賄者、紐哈芬破壞者、岩島破壞者」，以及「和人壽保險行賄者」密切相關（靠著對歷史的自由解讀），

6　一九二〇年，華爾街名人亞倫・萊恩（Allan A. Ryan）意圖壟斷斯圖茲汽車公司的股票，該公司的股價不到三個月便從1股100美元，站上391元——實際上萊恩是唯一的買方。

其實這不過是該報為了叫賣而炒作新聞而已——它並未告訴讀者：大都會街道鐵路公司（Metropolitan Street Railway）最後一次融資已經是二十年前的事了，就算是將紐約地面鐵路脫手給當時稱為「區際大都會公司」（Interborough Metropolitan Company）那次愚蠢不智的變現，距今也已有十五年之久。另外，針對人壽保險的調查，後來既沒有起訴，也沒有證明「貪污賄賂」，事情都過去十六年了。

甚至，文章最後對紐哈芬融資的判斷也有失公允，那起事件發生在十一年前且相形之下微不足道；至於岩島事件，則是十九年前的陳年往事；而大家最喜歡拿來指控華爾街的——芝加哥奧爾頓公司（Chicago & Alton）資本重組事件，發生在一八九九年，而且直到一九〇七年之前都沒有人看出那件事有什麼不妥之處……

寫下這些時，我猜我把自己寫成了一個絕望的反動派，但正因為充分了解那些事實，我實在看不出來上述那些事件有什麼可指摘的。

▶ 寡婦與孤兒

即使像北太平洋鐵路公司壟斷那樣震驚世人的事件[7]，以及由此產生的股市恐慌，也不能當成是操縱股市的例子來證明我們的晴雨表無效。

那次恐慌出現在一次主要牛市趨勢期間，而恐慌只產生一場嚴重的次級回檔反應，隨後即恢復上升走勢，而且一直到十六個月後才終結。

不過，對於譴責華爾街的政治人物來說，一九〇一年的這次壟斷事件依然記憶猶新、歷歷在目。值得注意的是，那些過往事件中受影響的所有股票，據傳都是由寡婦及孤兒持有。我希望有人能和那些寡婦結婚，並收養孤兒，甚至是管教孤兒一番。在剝奪受託人最普通的商業概念之後，他們沒有權利用這種不光彩的方式，提醒我們的罪過。他們在其他地方還有機會牟利——電影。

---

7 一九〇一年，美國鐵路業群雄並立，以哈里曼（Edward H. Harriman）為首的實業家，以及以JP摩根為首的銀行家這兩大陣營為了爭奪北太平洋鐵路公司的控股權而展開了激烈的市場大戰。

◉ 道氏理論適用於任何股市

言歸正傳。本書歸納出支配股市走勢的定律，同樣也適用於倫敦證券交易所、巴黎證券交易所，或柏林證券交易所。但我們可以更推進一步。就算那些證券交易所和紐約證券交易所都消失無存，定律的根本原則也依然為真。任何大都市若重新建立自由的證券市場，它們會自動且必然再次生效。

就我所知，倫敦的金融出版品從來沒有與道瓊平均指數相當的紀錄。但當地的股市若有類似的資料，也能有和紐約市場相同的預測品質。

我們可以從倫敦證券交易所的眾多股票中，編纂出兩組以上的代表性類股，並列出它們在登上白廳（Wetenhall）[8] 與倫敦證券交易所官方股票名單以來，數年間的主要、次級，以及每日走勢。由英國鐵路公司股價組成的平均指數，應該能確認我們的指數。倫敦有更長、也更多元的工業類股名單可用。非洲市場的南非礦業股票平均指數，是一八八九年第一波川斯瓦（Transvaal）淘金熱

8　英國倫敦西敏市內的一條大道，亦為英國政府的代名詞。

起正式編纂的，這個指數別具意義——它們會證明金礦業通常在其他產業停滯蕭條、低迷不振時蓬勃發展。

　　拿該平均指數與固定收益證券的走勢做比較，對經濟學家來說非常有啟發性。這樣的比較會以最生動的方式說明：黃金的購買力與投資債券的關係，同時也會確鑿地證明一個定理——固定收益證券的價格與生活成本成反比，這些我們在後面的章節會進一步討論。

▶ 沒有事實為證的論據就是謬誤

　　由內而外徹底了解華爾街很難，許多觀察家已經證明這不可能做到。正如同本書即將證明的：市場大於操縱者，大於所有金融家的總和，所以股市晴雨表的範疇在某種程度上確實大過於股市本身。

　　現代作家切斯特頓（G. K. Chesterton）曾說過，「沒有事實真相作為根據的論據沒有實際價值，沒有事實真相為根據的論據甚至是謬誤。」

　　一直到道氏提出股價走勢理論之前，還不曾有真正從股市的現象中引導並闡述真相的作為。我們有沒有可能，讓被事業捲入那個漩渦機器中心的人，了解驅動的力量，

甚至多少知道力量是如何產生的呢？顯然至今能夠觸及大眾眼球的唯一畫面，就是我們稱為「電影中的華爾街」此一扭曲的形象。

▶ 惡對善的致敬

為什麼那些推銷石油股的騙子，要在金融區名聲良好的地點向受害者放送消息，並使出渾身解數，引誘聲譽良好的都會區報紙金融專欄引述自己的股票呢？萬一他們針對的群眾——投資者與投機客（尚未成熟的投資者）真的相信美國政治人物所說「華爾街是罪惡淵藪」，他們還會那樣做嗎？

如果真是如此，那些鬼祟的騙子就會尋找其他地點行騙。但他們之所以選擇金融區，是因為知道此地的信用與誠信舉世最高。虛偽是邪惡對美德的致敬。一個跟騙子一樣腐敗的華爾街，對騙子毫無用處。事實上，如果金融區的腐敗程度，真有譁眾取寵的政客謾罵的十分之一，他們提出這樣的說法倒也無可厚非。美國的金融中心將因為自己的腐敗而土崩瓦解。這一切都真確無誤，而且就算實際情況正好相反，股市走勢的理論也依然有效。

▶ 塞西爾・羅德斯與 JP 摩根

作家寫作的實例如果皆取材自金融區，就不會被人指控他像「手中沾滿顏料的染布匠」一樣，為了工作而遷就屈從，在他的描述中添加太多個人情感的色彩。

華爾街從事的工作如此嚴肅、辛勞，沒有時間也沒有意願遭受歪曲欺騙。如果真如我們所知的，沒有人能夠知曉某個時刻影響股市走勢的所有因素，那麼就像人人從個人經驗所得知的：有些人確實比其他人知識淵博。真正了解情況的人，會帶你跳脫出這團狹隘的批評與相互指責的混戰。當他們變成有錢人，財富對他們來說只是順帶的——是他們實現更大目標時最顯而易見的手段，而不是目的本身。

二十五年前我在南非工作時，曾和礦業大亨塞西爾・羅德斯（Cecil John Rhodes）接觸。他的想法明確、思想開闊，他所想的絕不僅僅是賺錢而已。金錢是他完成想法的必要條件，他把白人文明從開普敦延伸到開羅，將鐵路當成某種具有精神意義的外顯象徵。在直覺、智慧這方面，我僅遇過一個和他相似的人——已故的JP摩根（J. P. Morgan）。要跟上他們的心智歷程速度是不可能的，他們

有些異於常人之處，就像擁有數學天賦的兒童，幾秒鐘的心算就能告訴你一個千位數的平方根。

其他高知名度的人——或許是從記者的角度來說——心智歷程似乎與常人更為相近。大部分我認識的產業界巨頭，例如詹姆斯・希爾（James J. Hill）與愛德華・哈里曼（Edward H. Harriman），都擁有一流思想家的基本特質。他們能夠去蕪存菁。他們可以從一篇廢話當中抓住根本事實。但羅德斯與 JP 摩根又更勝一籌。他們可以在你提出假設前提之前，就推論出一個往往出人意表，卻又完整合理的結論。

▶ 典型並非無法言傳

這些人富有，幾乎是運氣過人。他們肩負重責大任，而且必定有金錢財力得以實現成就。過去幾年，我們聽說過很多「完美典型」，卻發現那些說法大多是一知半解的觀點。但是，華爾街確實存在一個完美典型。從過去到現在，通常會有正確的人在正確的時刻，採取正確的目標，我希望將來也會一直如此。

不久之前，我聽到一位演講者描述，他口中所稱的科

羅拉多大峽谷有「無法言傳」之美。在一小時又十五分鐘的時間裡，他總結性地證明那些美是「無法形容」的，至少對他而言是如此。但米爾頓（Milton）[9]和讚美詩詩人就曾經描述過那種美。或許任何一個聰明才智尚可的人，只要在客觀事實前闡明自己真實的心理感受，那麼他就能夠描述出這種大自然奇蹟的美。

▶ 人性不會改變

我記得自己曾經在那些也許你今天讀了明天就會忘記的社論上，談論過我現在要談的話題：**人性的問題不會改變，因為從可追溯的最遠紀錄來看，人類天性始終如一。**「週期」就像人類的組織一樣古老。我們看到的變化是膚淺粗略的，特別是當一些聰明人制定法律、使我們更能和平良善地共同生活之後。人類的本心是所有進步的本質。改革是從人心開始，而非從立法會堂開始。

9　意指十七世紀英國詩人約翰・米爾頓，在雙目失明的情況下，他完成名揚後世的史詩《失樂園》。

▶ 三一教堂的鐘聲

　　紐約三一教堂面朝華爾街的西端，任落日將教堂尖塔的陰影投向這塊美國最受批評、也最不被人理解的區域。我們常聽到教堂的鐘響起古老熟悉的耶誕節聖歌。牧羊人看著所有羊群再次席地而坐。聽到這熟悉鐘聲的時候，上帝的榮光彷彿以某種方式照耀在我們周遭。而法律並不能帶來這樣的感受，法律沒有什麼辦法讓人更快樂、更有錢，或是更知足。

　　在過去的世界裡，並沒有今天「政府」這種社會形式，也沒有類似政府的東西。在過去，「正義」是使一個國家更美好的唯一力量。華爾街和那些最公正無私的批評者也同樣知道：善良、公正、犧牲與愛，是所有好政府的基礎，因為光是以那樣的精神，人民就能真正管理自己。

　　我們曾說，我們探討的定理是最基本、最具有原則性、最不證自明的。而在這個更高層次的真理當中，肯定有「永恆不變」的東西會繼續存在，就算是美國憲法的文字成了考古學家關注的研究議題，我們這個時代殘留的文件，成為原作者做夢也想不到的古典作品，這樣的基礎也永久不變，因為真理包含了神聖的元素。

第三章

查爾斯・道及其理論

CHARLES H. DOW, AND HIS THEORY

　　先前我在針對道氏平均指數理論、以及對恐慌與繁榮週期所進行的廣泛探討中,收到許多讀者的來信,由此判斷,讀者以為該理論在本質上,是在華爾街賺錢的可靠方式。我可以直接說,道氏理論和任何「加倍賭注」、或打敗銀行的方法沒有任何相似之處。

　　有些讀者的問題透露出更高的智慧與理解,其中的一個問題,我至少應該要更詳盡地在此答覆。

▶ 道氏不只是報人

「道氏是誰？我可以在哪裡看到他的理論？」

查爾斯・道是紐約道瓊金融新聞服務的創辦人，也是《華爾街日報》的創辦人兼首任編輯。他逝於一九〇二年，得年五十二歲。他是經驗豐富的報社記者，早年師從《春田共和報》（*Springfield Republican*）著名編輯塞謬爾・鮑爾斯（Samuel Bowles）。道氏出身新英格蘭，聰明內斂，極為保守，他對自己的新聞事業瞭若指掌，在思考任何主題時，無論外界輿論有多麼激烈，他總能保持冷靜公正。我非但不曾見過他生氣，甚至可說從未見過他激動過。他的誠實正直和準確的判斷力，贏得華爾街眾人的信賴。在那個年代，幾乎找不到有能力報導金融業的報人，對金融有深入認識的人更有如鳳毛麟角。

道氏還有個優勢，就是他有在紐約證交所場內工作幾年的經驗。事情說起來相當離奇。已故的羅伯特・古博迪（Robert Goodbody）[1]是愛爾蘭人，他從都柏林來到美國，是貴格會教徒，同時也是華爾街的榮耀。由於紐約證交所

1　古博迪公司（Goodbody & Co.）的創辦人，當時該公司名列美國五大券商之一。

要求所有會員必須是美國公民，於是查爾斯‧道成了他的搭檔。在古博迪歸化入籍美國期間，查爾斯‧道取得在紐約證交所的席位，並在場內執行交易。等古博迪成了美國公民，查爾斯‧道就離開紐約證交所，回到更適合他的新聞工作。

▶ 道氏的告誡及其理論

我在查爾斯‧道人生的最後幾年曾與他共事，我了解他也喜歡他。我和他的許多朋友，常常為了他的過分保守而氣急敗壞。這種過分保守在他的《華爾街日報》社論中尤其明顯，現在有必要提及那些社論，因為那些文字是道氏股價走勢理論僅有的書面紀錄。查爾斯‧道會針對眾所周知影響金融與商業的問題，寫出鏗鏘有力且引人入勝的社論，並在最後一段加上保證條款與但書，這樣不但能去除文字當中的刺，也減少了「衝擊」。在語言的拳擊場上，他保留了餘地。

由於太過謹慎，查爾斯‧道幾乎不會用直截了當、武斷的表達方式去闡述自己的理論，無論他的理論有多麼完整正確、推論如何縝密清楚。他寫了不少社論探討股票投

機的方法，主要發表於一九○一和一九○二年上半。我們必須仔細地從那些社論中去挖掘他的理論（因其經常只是偶然被提及的說明性文字，而非是討論的主題）。同樣令人好奇的是，在他早期一篇跟「股價走勢」有關的論述中，他還提出一個不太能自圓其說的主張。一九○二年一月四日《華爾街日報》的「回顧與展望」專欄，他發表一篇標題為〈波動中的波動〉的文章，裡頭寫道：

「毋庸置疑的是，市場有三種清楚分明但又相互協調的動態。第一種是因局部因素、及特定時間內買賣平衡而造成的每日變化。第二種動態包含從十天到六十天不等的時期，平均大概在三十到四十天。第三種波動是涵蓋四到六年的大趨勢。」

▶ 道氏的錯誤

別忘了，這段文字是道氏在二十年前[2]寫的，他沒有如今可用的紀錄去分析股市的走勢。上述那段引文的主要

---

2 漢密爾頓於一九二二年出版《股市晴雨表》一書。

走勢範圍，以後來的經驗證明時間太長了；而仔細檢驗道氏寫作之前的市場主要波動，也證明第三種波動絕非「四到六年」，也鮮少是三年，比較常見的是低於兩年。

但道氏會那樣說一定自有其道理，況且在知識學問上，他真誠而坦白，這使得所有認識他的人都認為他的理由是值得進一步去探討的。他的這個說法，是基於他對金融危機大約每隔十年週期（金融史上的紀錄可資證明）就會復發的深刻信念。道氏假定，那段時間有一次大牛市和一次大熊市，因此將十年的時期分成兩半。這有點像小男孩被要求說出十種北極圈動物而回答：「五隻海豹和五隻北極熊！」

▶ 耶方斯的恐慌時期

本書第一章曾提到歷史上的恐慌時期，耶方斯教授將這些危機連結到「太陽黑子再現」的理論，並假設太陽黑子對天氣與農作物有所影響。我曾說，這個推論相當於將美國總統大選和閏年聯想在一起。但持平來說，耶方斯記錄的英國商業危機年分，相當令人印象深刻。這些年分是：1701、1711、1712、1731-32、1742、1752、1763、

1772-73、1783、1793、1804-05、1815、1825、1836、
1847、1857、1866，以及1873。

　　正如道氏於一九〇二年七月九日，在《華爾街日報》
社論中引用這些年分時說的：

　　「這非常清楚地證明十年理論，而且這個國家過去一
　　世紀發生的事，很大程度上也支持這個理論。」

　　道氏對美國接連發生的危機所做的報導（他個人經歷
過其中的三次：一八七三、一八八四，及一八九三年）非
常精采有趣，值得在這裡引述。以耶方斯提出的年分來
說，耐人尋味的是他的清單開端遺漏了一次嚴重的危機。
那次危機發生在一七一五年，蘇格蘭在那一年入侵英格
蘭，企圖復辟斯圖亞特王朝、重登英格蘭的王位，因而引
發危機。倘若真如我懷疑的，那一年的太陽黑子不夠多，
和其他類似例子不相符，耶方斯遺漏這一次也無可厚非。

▶ 道氏的美國危機紀錄

　　道氏對美國本身的危機是這樣描述的：

「十九世紀美國的第一次危機是在一八一四年，因那一年八月二十四日英國占領華盛頓而引發。費城與紐約的銀行暫停支付款項的業務，危機情勢一度十分嚴峻。導致這段艱困時期的原因，有一八〇八年的禁運法和互不往來法[3]，造成對外貿易一落千丈，公共財政入不敷出，以及大量州立銀行成立，取代原先的美國銀行。那些州立銀行大多都缺乏資本，沒有足夠的擔保也發行貨幣。」

▎1819、1825 及 1837

　　「由於銀行流通大幅緊縮，導致一八一九年差點發生危機。在此之前，銀行增加貨幣發行助長投機活動，貨幣流通緊縮導致大宗商品與不動產價格重挫。不過，若從發生的原因來看，這純粹是一場貨幣恐慌。」

　　「一八二五年歐洲爆發危機，導致對美國產品的需求減少，引發物價下跌和翌年的部分銀根緊縮。不過，情勢並未演變到非常嚴重，而且本質上更像是經濟發展過程中的一次中斷，而非經濟形勢的逆轉。」

3　意指當時美國在英法兩國的貿易爭霸中，為了維持自己的主權和中立地位所通過的一連串法案。

「一八三七年出現一次嚴重的商業恐慌，原因不勝枚舉。在此之前，工業與商業快速成長，並有許多企業成立。農作物歉收，麵包原料要依靠進口。政府拒絕延長美國銀行特許經營的憑證，導致銀行業務發生急劇變化，而大眾從州立銀行抽走存款積蓄，這些都提供了不正常投機的基礎。」

▎1847、1857 及 1866

「一八四七年在歐洲發生的恐慌，雖然造成貨幣嚴重損失，對美國卻影響甚微，但墨西哥戰爭[4]卻有抑制企業的作用。然而，後來因為大量出口麵包原料、以及在一八四八至四九年發現金礦，那些影響多少有所抵銷。」

「一八五七年八月，俄亥俄人壽保險與信託公司倒閉後，發生一次十分嚴重的經濟恐慌。雖說物價早在幾個月之前就已連續下跌，但這次恐慌仍來得出人意料、令人措手不及。當時已經建造大量鐵路，銀行持有的貨幣比率嚴重低於貸款及存款的比率。這段時期的特點之一，就是大

---

4 一八四六至一八四八年，美國與墨西哥因當時德克薩斯共和國的邊境問題而爆發戰爭。

量公司破產倒閉。銀行在十月時普遍暫停支付業務。」

　　「一八六六年發生在倫敦的恐慌，是由歐維倫古內公司（Overend, Gurney & Co.,）破產所引發，緊接此地的紐約證交所股價暴跌。四月時，密西根南方鐵路（Michigan Southern）出現一波股票壟斷，投機行為相當猖獗，此後投機惡化的情況已超出常態。

1873、1884 及 1893

　　「一八七三年九月發生的恐慌，既是商業恐慌也是紐約證交所恐慌。那是巨量流動資本轉換為固定資本的結果。企業大規模擴張，因此造成的需求使得貨幣供給不足。信貸崩潰，經濟蕭條形勢極為嚴峻。」

　　「一八八四年帶來的是股市重創，而非商業危機。五月發生海運銀行、大都會銀行及葛蘭特・沃德公司倒閉，伴隨股價大幅下跌，股市一整年都欲振乏力。延續數年之久的鐵路幹線之爭，也是造成這個時期恐慌的因素之一。」

　　「一八九三年的恐慌是諸多因素造成的結果，包括貨幣流通情勢的不確定性、國外投資的撤出，以及對關稅立法過於激進的擔憂。對於維持金本位制的焦慮，無疑是造成恐慌的最主要因素，同時也引發其他一連串問題。」

▶ 薄弱的預測

道氏對預測的謹慎小心，不僅是新英格蘭人的作風，更有蘇格蘭人的風格，他在最後的段落中，典型地寫道：

「根據過往及最近六年來的發展判斷，我們可以合理猜測，未來幾年可能至少會經歷一次小型的股市動盪。」

這個猜測非但合理，甚至算不上大膽。五年後的一九〇七年，發生的可不只是一場「小動盪」，當時紐約的銀行採用票據結算所的憑證，僅僅五分鐘就讓股市觸發恐慌。但是做出這次預測的時間，是在一次主要上揚趨勢期間，這次的漲勢在一九〇二年九月終結，亦即道氏過世前的三個月。

現實情況很快就反駁了道氏的「五年主要走勢論」，也就是將假設的十年週期分為兩半。從一九〇二年九月起有一波主要空頭行情，持續將近一年。一九〇三年九月開始有一波主要多頭行情，在一九〇四年六月形勢明朗，最後終結於一九〇七年一月——共歷時三年四個月；而緊接著的是大空頭走勢，涵蓋了一九〇七年的危機時期，一直

延續到十二月——共歷時十一個月。

▶ 尼爾森的投機著作

道氏所有出版的文字都刊登在《華爾街日報》，而且只能從這部華爾街寶典的珍貴檔案中搜尋、重新建構他的股市價格走勢理論。但是在一九〇二年的年底，已故的尼爾森（S. A. Nelson）出版了一本樸實無華的著作《股票投機入門》（*The A B C of Stock Speculation*）。這本書早已絕版，但偶爾能在二手書店找到。

尼爾森曾企圖說服道氏寫這本書，勸說不果後，他將道氏曾在《華爾街日報》發表過、有關股票投機交易的內容，盡量找齊後納入那本書。那本書共有三十五章，其中有十五章（第五到第十九章）是出自道氏在《華爾街日報》的社論，有部分經過微幅刪節，涵蓋的主題包括「科學投機」、「解讀市場的方法」、「交易的方法」，以及大致的股市波動——全都精采有趣，雖然不適合在這裡全盤複製，但我會在後續的章節中適當摘錄。

尼爾森的著作內容紮實、合理實用，篇幅短小精煉。他本人也是勤懇紮實又樸素實在、個頭矮小的人——我們

愛戴他，也愛調侃他，年輕的記者們常常無法像他本人那樣很嚴肅地對待他。在我寫下這些文字時，他的親筆簽名書就放在我面前，當我讀著他恪守傳統地探討投機的道德性，彷彿可以想像死於肺結核病的他，瘦弱的身影和憔悴但真摯的臉孔。

尼爾森在書籍出版後不久過世，遠離了他摯愛的華爾街，但也是他留下「道氏理論」這個名稱。那是對道氏實至名歸的光榮讚美；如果很多人都體認到追蹤股市走勢的意義——這一行至關重大且有用的晴雨表——道氏也是用實際可行的方式，系統性地說明這些概念的第一人。

第四章

道氏理論的投機應用

DOW'S THEORY, APPLIED TO SPECULATION

先前在跟道氏股價走勢理論有關的討論中,我們看到該理論的精髓可以用三句話總結。道氏在一九〇〇年十二月十九日《華爾街日報》的社論中寫道:

「市場始終同時存在著三種趨勢。第一種是每日的小幅波動。第二種是短期的起伏,從兩週到一個月以上不等;第三種是主要趨勢,期間至少涵蓋四年。」

我們已經看到,道氏所說的第三種主要趨勢,可能用

不到他以為的四年就會結束；也看到若企圖將恐慌週期理論的十年期，大致分成各五年的牛市與熊市，可能使其在無形中誇大。不過，那無關緊要。道氏成功地建立一套最具價值的市場趨勢理論，並找出這些趨勢的同時性，讓後繼者可以建構一個商業晴雨表。

▶ 投機行為下的真相

這是道氏理論的精華，而道氏在有生之年卻未能看到這個理論的所有含義。他從不曾專門針對這個理論寫過一篇社論，只是在討論股市投機、造成投機（這裡所說的投機，是取其最正面、最有益的意思）和市場狀況本身的基本事實與情況時，會重提該理論做說明。

因此，《華爾街日報》收到過許多讀者來信，詢問它以道氏的基本前提為基礎作出的假設，這並不令人意外。一九〇二年一月四日，道氏回答了一個相關的問題，任何仔細思考過這些內容的讀者，應該都能回答這個問題。來信的讀者問，「你有一段時間對當前股市的看法相當樂觀，但是更長遠來看卻是看跌。你如何讓這兩種看法不相矛盾？」道氏的回答當然是說，他在次級波動之後看多，

但是從獲利紀錄的角度看股票價值，他認為當時已經走了十六個月的牛市，不可能再持續下去——比起他最少持續四年的估計短得不尋常，而那次主要上漲走勢其實延續到次年九月。或許可以說，這樣的波動總是發展得比價值快。到了最後階段，只會減少可能性。

▶ 有用的定義

道氏在同一篇社論中繼續提出一個有用的定義，由此可以推斷出合理的結論。他說：

「只要平均指數的一次高點超出先前的高點，股市就處於牛市。當低點比先前的低點更低，那就是熊市。我們通常很難判斷漲勢是否走到了尾聲，因為在主要趨勢改變時，價格也會跟著波動。不過，那也可能只是一次罕見的明顯次級走勢。」

這一段的言下之意，包含了「雙重頂」（double tops）和「雙重底」（double bottoms）的概念，以及「線」的概念，也就是在可知的一段時期，平均指數呈現的窄幅波

動，必定是集中或分散這兩種趨勢。而已知的最大用處，就是指出股市的主要趨勢會進一步持續，還是次級走勢可能終止，因此容易被誤認是新一波主要趨勢的起點。我在後面的章節會分析一九一四年股市形成的「這條線」。

▶ 成功的預測

此後的討論將毫不費力地證明，道氏理論是一種預測主要市場走勢並正確地把它與次級走勢區分開來的方法，它在實際應用中的準確性非常驚人，這可以從各種自一九〇二年以來對股價走勢的研究中得到驗證，並將之與《華爾街日報》各個專欄的紀錄相對照。

預言家，特別是華爾街的預言家，將人生掌握在自己的手裡。如果不管實際情況如何，他的預言永遠都是最樂觀的，那麼他最壞的下場也不過是被人稱為傻瓜。相反的，如果他認為景氣已經過熱，也的確這樣表示了，那麼對他不利的指控會更加嚴重；如果他看空市況且看法正確的話，則會被指控是動機不良。人們甚至會認為他預見的跌勢是由他促成的，雖然他或許動機高尚，無論市場漲跌都與他的利益無關。

▶「罷免」預言家

美國民眾真的對先知和預言家如此忘恩負義嗎？是的，而且猶有過之。美國民眾不喜歡「不討喜的真相」。

一九一二年，戰功彪炳的陸軍工程兵團湯森上校（Colonel C. McD. Townsend）擔任密西西比河委員會主席，他根據上游河道的水位預測出，密西西比將出現一場極大的洪災。他警告紐奧良市，大約一個月後將發生洪災，建議立刻積極採取強力措施以減少災害。

紐奧良市民對此心存感激嗎？不，紐奧良市民義憤填膺地召開會議，要求總統塔夫脫（Taft）[1]將這個「大放厥詞」又「危言聳聽」的人撤職。塔夫脫一如既往地冷靜從容，所以湯森上校並未被撤職。不過，密西西比河谷卻有大量的財物被「消滅」，更不用說在劫難逃的紐奧良。而可能受影響的鐵路與重要工業公司，對湯森上校的警告卻嚴陣以待，反倒因此獲益。紐奧良市長後來撤回了這項「罷免」決議並公開致歉。任何人若有認識一個能力高超卻從不張揚的美國工兵，都會明白湯森上校對紐奧良市

1　威廉‧霍華德‧塔夫脫（William Howard Taft），美國第二十七任總統。

長，以及先前那些針對自己的群眾大會，是不會介意的。

▶ 股價走勢的同時性

先前我曾說過，絕對不能將道氏理論視為是賭徒贏得賭局的方法。任何交易者都甘冒風險而對此置之不理，但是道氏本人卻從未這樣想過，從我和他之間的多次討論可證明這一點。那時候我為道瓊新聞社及《華爾街日報》撰寫股市短訊，當然必須全面了解這種把市場走勢同步化的科學方法。華爾街有很多人認識道氏，而且他們的經歷與道氏供稿的服務息息相關。他的思維極度嚴謹，但是邏輯理性且誠實理智。我未必次次都同意他的看法，但是他看對的次數比我多。如果他看錯了，顯然是因為他缺乏像現在輕鬆可得的準確資料。

▶ 必要的知識

或許這裡應該指出，大型資本企業若要成功發行股票，必須了解市場的主要趨勢，無論是上升還是下跌。後面的討論為了解釋方便和趣味起見，我會用詹姆士・基恩

自己承認的故事當例子，說明他如何將「聯合銅業公司」（Amalgamated Copper）的股票，銷售給過度樂觀的投資大眾；當時，久負盛名的《波士頓新聞通訊》（*Boston News Bureau*）警告新英格蘭投資人，不要以該股票的發行價，去接觸這項資產，或者受到它1.5％的季度紅利及0.5％額外配股的矇騙。

當這項股利政策公布的時候，《華爾街日報》公開指稱該公司為「盲池」（blind pool）[2]，而且正如《波士頓新聞通訊》所證明的，銅業的狀況和募資行為的本身，都不足以證明該公司股票發行價合理之際，那樣的評價依然不變。基恩本來是根本無法賣出那些股票的，但是他恰好趕上了一次著名大多頭時期的波動。

同樣的條件也幫助他完成了更困難、也更令人佩服的 —— 為「美國鋼鐵公司」（United States Steel Corporation）籌集巨額資本的工作。若時空換成隨後發生在一九○三年的熊市，那檔股票永遠也不可能賣出去，基恩大概也絕不可能嘗試去做推銷。

2　意指未上市股票將潛藏各種未知的投資風險。

⏵ 一篇有啟發性的社論

　　如果讀者沒有機會從道氏自己的理論實踐中獲得啟發，或者至少從系列的社論中一窺他的方法，那麼對道氏來說並不公平；我先前說過，那些社論主要探討的是股票投機，只是偶爾提到解讀市場的法則。

　　以下就是道氏其中一篇社論的絕大部分內容，這篇文章刊登於一九〇一年七月二十日，距離北太平洋鐵路壟斷事件³導致的恐慌只有十個星期。當時他寫道，他並未看清這並不是一次主要趨勢的結束，而是大牛市期間一次罕見的劇烈次級反轉。他先從個股開始談起：

　　「有一種所謂的登記法（book method）。在價格確定之後，每次出現變化就標記一點，由此形成一條線，大致會呈現水平方向，但會隨著市場上下波動而出現傾斜的曲線。⁴有時候，一檔活躍的股票會維持窄幅的價格區間，例

3　一九〇一年，鐵路大亨愛德華・哈里曼為了進一步取得競爭對手「北太平洋鐵路」的控制權，展開一場與詹姆士・希爾（James J. Hill）的股權爭奪戰，該事件導致市場恐慌，《紐約時報》形容為「牛仔殺紅了眼，拔槍濫射對方，完全不顧旁觀者的安危」。
4　請參閱本書第232頁的圖例。

如2點之間，直到那些數字形成一條相當長的水平線。這種線的形成有時候代表個股籌碼是集中或分散，同時促使其他人買進或賣出。過去十五年的這種紀錄似乎支持此一理論，證明取得股票的必要操縱手段，往往可以用這種方式看出來。」（編按：即箱型整理）

「另一種方法是所謂的『雙重頂理論』。交易紀錄顯示，許多時候一檔股票的價格達到頂點時，會有小幅回跌，然後再次回漲到最高點附近。如果在這樣的走勢之後，股價再次回落，其跌幅可能更大。」（編按：即M頭）

「然而，若想單憑這項理論進行交易，會發現有很多例外的情況，而且很多時候無法得到所需的提示訊號。」

▶ 根據平均指數交易

「有些人會根據平均指數理論去做交易。確實有一段相當長的期間，股市上漲的天數跟下跌的天數會差不多。若連續多天上漲，幾乎可肯定會有相對稱的一段跌幅。」

「這個方法的問題在於，小幅波動永遠是更大走勢的一部分，而且發生機率相等的事件總是趨於均等，但確實每種可能的組合都有機會發生，在股票交易中經常存在著長期的波動或連續多天的上漲或下跌，從長期的觀點來看，它們是符合這種理論的，但若從許多連續的短期觀點來看，任何以此為基礎進行的交易都將遭受失敗。」

「更加實用的理論，是建立在作用與反作用定律之上。股市的主要趨勢中，似乎都有個反方向的次級走勢，幅度至少是主要走勢的八分之三。如果一檔股票上漲10點，極可能回落至少4點。無論漲幅多大，這條定律似乎都有效。上漲20點的話，下跌至少8點也並不罕見。」

「我們不可能事先看出任何主要走勢的長度，但是走勢發展得愈久，反彈走勢出現時就愈強，因此針對反彈走勢成功進行交易的確定性也就愈大。」

「有些經驗豐富的作手，會採用回應法。理論如下：市場永遠受到或多或少的操縱。企圖追高市場的大戶，不會照單全收的買進，但會靠合法手段買進、或藉由操縱手

段推高兩、三檔重要股票。接著觀察此舉對其他股票的影響。若市場氣氛看漲，大家有意持股，那些看到這兩、三檔股票出現漲勢的人，會開始買進其他股票，進而將市場推升到更高水準。這是大眾的回應，也是一種跡象，代表領先股會有另一波推力，整體市場也將水漲船高。」

「不過，若是領先股上漲而其他股票沒有隨之上漲，證明大眾沒有意願買進。等看清楚這一點，企圖推高股價的努力就會停止。仔細研究市場行情的人，採用這種方法的尤其多。但是也可以在每天交易結束後，從交易紀錄觀察哪些股票在特定時間內被推高，以及大盤是否跟著上漲。解讀行情的最佳方法，就是從價值的觀點解讀。市場不像氣球隨風四處沉降。整體而言，市場代表一群眼光長遠又消息靈通的人，經過深思熟慮將股價嚴謹地調整到現有的價值，或是近期內預期將達到的水準。操盤高手關心的不是股價能否上漲，而是他們計畫買進的資產，價值能否促使投資人與投機者在六個月後，以高於目前股價10到20點的水準買進股票。」

「因此，解讀市場行情的重點在於，找出股票三個月後的預期價值是多少，再觀察操縱者或投資人是否正推升

股價朝那個數值靠近。這種方式通常可以清楚地看出市場走勢。了解了價值，也就明白了市場波動的含義。」

　　或許有人會對上述的假設做一些修正，但其實並沒有必要。除非研究涵蓋至少半世紀的紀錄，否則不可能看出上漲跟下跌的天數一樣多──這種資訊就算得到了，也沒有什麼價值。如同擲硬幣的次數如果夠多，擲出正面與反面的機會相等一樣。

　　但是清晰的條理和精闢的見解，或許才是道氏令人激賞的地方。他的文章言之有物，言簡意賅，這在社論寫作是難得的優點。他對基本事實與隱含真相（沒有隱含的真相，事實就顯得貧乏又不著邊際）的看法，很容易就讓人注意到。他將投機當成一種事實來處理，並能呈現背後的道理，卻沒有毫無益處的道德說教，或者和賭博混為一談。接下來的討論，我們將仿照他的觀點，繼續探討他的理論，以及該理論對股市整體的重大意義與效用。

第五章

股市的主要波動

MAJOR MARKET SWINGS

　　在繼續討論查爾斯‧道在《華爾街日報》專欄中提出的關於股價趨勢的著名理論（表現為平均指數）時，我必須強調的是，他是有意識地在設計一個實用又科學的晴雨表。請牢記「溫度計」和「晴雨表」的差別。溫度計能記錄某一時刻的實際溫度，就像股價收報器記錄當下實際的股價一樣，但是晴雨表的本質作用是預測——這當中含有重大價值，而這個價值裡面又包含了道氏理論的價值。股市是國家的晴雨表，甚至是世界、商業的晴雨表，而這套理論告訴我們該如何解讀它。

▶ 平均指數本身就夠了

　　就解讀股市而言，平均指數在這方面已經有充分的理由獨立存在。華爾街向來被稱為「舉國繁榮的混濁源頭」，我們不需要去關心那些形容詞。紐約證交所的交易總額與趨勢，代表華爾街對過去、眼前與遙遠未來的所有知識總和，並適合用於降低未來的影響。平均指數不需要像一些統計學家那樣，再多加編纂複雜的商品價格指數、銀行清算數字、匯率波動幅度、國內外貿易量或任何其他因素。這些華爾街全都考慮到了。華爾街將之視為過去的經驗（即使只是晚近的經驗），用它們來評估未來——它們只是預測天氣時，構成天氣變化的因素。

　　大眾普遍有一種迷信，認為華爾街存在著「強大利益團體」，藉以壟斷知識並用於實現自己邪惡的目的，這種迷信體現在「普約委員會」（Pujo Committee）[1]，該機構專門調查一些理應對市場有超強監控能力的銀行與金融業。只不過，股市比那些機構的總和還要更大，而除了暫時性

1　美國國會在一九一二至一三年間成立這個旨在調查「貨幣信託」的團體，由華爾街的銀行家和金融家們組成，對國家財政擁有強大的控制力。

的阻止經濟恐慌（例如一九〇七年的金融危機），華爾街的金融界鮮少會一塊兒聯手。不管是各行其是，還是短暫結盟，這些利益團體對股市的估計往往是錯誤的。在亨利‧羅傑斯的年代，以及據說是所謂「標準石油幫」的全盛時期，就我所知，那一幫人對股市的判斷長年累月地犯錯。說起判斷商業形勢對大企業的影響，亨利‧羅傑斯的敏銳精明無人能出其右，但我就曾聽他認真地辯解道，「犯錯的並不是他，而是市場和固執任性的大眾」。

▶ 市場大於任何操縱

正如道氏的真知灼見，**價格走勢包含了華爾街點滴蒐集的知識總和，反映出華爾街所能清晰預見的未來**。股市透露的並非今天的商業情勢，而是未來數月的情況。即使操縱行為針對的不只是一檔股票，而是數檔龍頭股，股市透露的事情還是一樣，而且範圍大於操縱行為。

操縱者只預見自己期待與希望的價值，有時候會出錯，而投資大眾在一段時間後就會有所察覺。在熊市行情中不可能操縱市場上漲。精心設計的重大操縱例子——數量極少——必定出現在牛市期間，因為市場看到的比操縱

者更多。無論是華爾街，還是其他各大市場的經驗皆顯示：操縱行為在一個下跌的市場中幾乎是不存在的。熊市交易商手持捕獵特許證，卻赤手空拳的上陣。重大的熊市行情波動，一定有未來的事件充分佐證，否則就是像一九一七年的例外情況[2]，是因為未來的可能性令人驚駭。

▶ 寫在牛市期間

一九〇〇年將近六月底時、麥金萊總統競選連任的四個月前，從力道微弱、少得可憐的交易量開始，開啟一波超過二十六個月的牛市行情。但中間被一九〇一年五月、北太平洋鐵路壟斷事件引發的經濟恐慌打斷，而事後證明這次恐慌只是一場猛烈且典型的次級下跌波動。就是在這次牛市期間，道氏在《華爾街日報》寫出了本書大量引用的社論，因為內容包含了他的理論主旨。他設計出一個實用的晴雨表，而且特別的是他開始加以應用，以驗證它是否具備可靠的預測能力。可惜他生前未能在後來那十二個

---

2 一九一七年四月，美國正式投入第一次世界大戰，未來兩年的國債達到高峰，隨著新證券的上市，華爾街的勢力範圍也因此大幅增長，一戰結束的時候，美國是唯一真正的贏家。

月的熊市中測試。但所有後續的市場波動，無論漲跌，都已證明了這個方法的價值。

在整個牛市期間，他的預測極為準確，即使只是看大盤，沒有應用到個股或類股。在股價調整至「實際價值」的這個基本問題上，他的看法正確。他最後的社論刊登於一九○二年七月，在他過世前不久。在那幾篇社論中，他預測股價將會超出其價值，而且不用幾個月，市場將開始預期鐵路公司的收益緊縮，至少主要工業類股的發展會趨緩，而其他類股的交易也會緊縮。

▶ 主要走勢

這裡我將列出從道氏寫社論開始，到一九二一年熊市結束的這段期間，股市的重大波動。如下表所示：

1.	↑上漲	1900 年 6 月－1902 年 9 月
2.	↓下跌	1902 年 9 月－1903 年 9 月
3.	↑上漲	1903 年 9 月－1907 年 1 月
4.	↓下跌	1907 年 1 月－1907 年 12 月
5.	↑上漲	1907 年 12 月－1909 年 8 月
6.	↓下跌	1909 年 8 月－1910 年 7 月

7.	⬆上漲	1910年7月－1912年10月
8.	⬇下跌	1912年10月－1914年12月
9.	⬆上漲	1914年12月－1916年10月
10.	⬇下跌	1916年10月－1917年12月
11.	⬆上漲	1917年12月－1919年10月至11月
12.	⬇下跌	1919年11月－1921年6月至8月
13.	⬆上漲	1921年8月－1923年3月
14.	⬇下跌	1923年3月－1923年10月
15.	⬆上漲	1923年10月起

　　已故的JP摩根說自己創造了「美國多頭」，這張表印證了他的觀點。[3]在這二十三年期間，牛市的長度差不多是熊市的兩倍。七次重大多頭行情的平均時間為二十五個月；而七次重大空頭行情的平均時間是十五個月。

　　從這張表中我們還能注意到，最長的重大上漲走勢是從一九〇三年九月二十二日到一九〇七年一月五日。平均指數的實際高點出現在一九〇六年一月二十二日，接著有一次為時幾個月的不規則下跌，以及一次類似的不規則反彈，回升到接近前次高點，全都發生在一九〇六年這一年，因此這被視為「主要趨勢」的盡頭。只不過，一九〇

3　JP摩根於一九一三年逝世，享壽七十六歲。《華爾街日報》給這位金融鉅子的評價是：「摩根在一九〇一年重新組織了這個世界。」

六年的「次級轉折」，是我們記錄至今為期最久的一次（在這特殊的一年，舊金山大地震是重點，我在後面的章節會充分討論）。至於另外五次牛市的時間，從超過十九個月，到差幾天滿二十七個月不等。

▶ 令人側目的預測

這裡所列舉的六次熊市當中，最長的一次延續將近二十七個月，期間發生包括第一次世界大戰爆發，以及紐約證交所關閉百日等事件，並在一九一四年耶誕節前告終。那是個黑色耶誕節，有些人可能還記得；但是接著在一九一五年，就出現生產戰備物資帶動的榮景，當時美國還尚未參戰——股市預測這段榮景的準確度十分高，當時美國的商業幾乎還不曾了解其重要性。

這六次熊市，有兩次的時間不足一年，有一次不過才一個多月，還有一次不到十五個月。這些資料似乎足以說明：**熊市持續的時間通常會明顯的比牛市短；或許就像主要上升趨勢中的次級下跌波動都短而劇烈，反彈回升的走勢較疲弱，需要的時間比下跌長。**

▶ 市場永遠是對的──

在稍後的部分將顯示，在這些重大市場行情期間，有可能從股市晴雨表預測出，未來一段時間的國家商業發展。這些討論如果沒有讓非金融業的門外漢清楚了解主題──讓一輩子從未買過投機性股票的人感興趣──那就沒能達成本書的目的。

晴雨表是海上所有船隻的必備品，從最小型的沿海雙桅帆船，到阿基塔尼亞號（Aquitania）豪華客輪皆然。晴雨表對吉卜林（Kipling）[4]的歌謠〈玻利瓦爾〉（Bolivar）中，「困在海中央」卻絕望地望著，「可惡的輪船燈光經過，有如一座宏偉堂皇的酒店」所代表的意義，就跟對輪船艦橋上的駕駛員一樣，甚至猶有過之。

沒有一家企業小到可以漠視股市晴雨表。肯定也沒有哪個企業大到膽敢無視股市晴雨表。管理大企業最嚴重的錯誤，來自那些商海中的大輪船駕駛員，在冷漠無情、公正無私的股市呼籲他們留意前方將臨的惡劣天氣時，未能多加留意。

4　英國十九至二十世紀中的代表性作家及詩人，一九○七年獲得了諾貝爾文學獎。

▶ —— 卻始終無人感謝

　　已故參議員杜立佛在美國參議院，朗誦《華爾街日報》的一篇社論時說，「聆聽對市場的無情判決，」當時他就看出了該判決殘酷的準確性；因為市場作出的判決是根據所有證據，而且也必須如此，即使那些證據是證人在不自覺且不情願的情況下給予的。

　　難怪這位農村出身的政治人物，輕易就將華爾街當成市況蕭條的代罪羔羊，而經濟蕭條對他的農業區選民影響，並不比其他人大。華爾街在他們的眼中充滿罪惡，他們非常樂意要華爾街為經濟蕭條負起責任，即使那只是華爾街預知並做出預測的情況。

　　我們在前一章說過，預言大災難的先知無論如何都會招人怨恨，萬一他的預言成真，對其憎恨的程度又會更強烈。但華爾街的預言成真了。華爾街預言的繁榮，如我們所見的果真實現了，只是被人們遺忘了；但是它對災厄的預言卻被人們牢牢記住——正是因為這些人忽視了它的預言，他們更希望把罪過推給自己以外的人。

▶ 華爾街是農民之友

華爾街經常被政治人物之流稱為「偏狹粗野」，這是出於對華爾街成為美國的金融中心、不講理的片面忌妒心。美國只能有一個這樣的中心，但「聯邦準備法案」（*Federal Reserve Act*）起草者給法案負載過多地方政治，竭力想建立十二個中心。[5]

農民（或他們的政治代言人）說，「華爾街懂什麼農事？」但事實上，華爾街懂的比所有農人加起來更多，且更記得農民所有忘記的事。此外，它還能隨時喚醒記憶——華爾街雇用最能幹的農業專家，甚至比我們高高在上、不食人間煙火的農業部官員還優秀，他們的出版品即使農人不予重視，華爾街也會細讀。

一九一九年十月底到十一月初，比農民更了解棉花和小麥的股市開始下跌，農民卻還在瘋狂地以每蒲式耳（Bushel）三美元囤積小麥、每磅四十美分囤積棉花。晴雨表當時告訴農民，趁著還有時間，趕緊以當時的市價賣

5　一九一三年十二月，美國通過聯邦準備法案，該法案設立的儲備銀行組委員會（RBOC），將全美八至十二個城市劃定為聯準銀行的所在地，並劃定邊界，每個地區包含一個聯邦準備銀行，且設置時必須考量各區慣有的商業經營模式。

出這些農作物以自救脫身。農民卻怪罪華爾街、聯邦準備銀行系統以及所有人，除了受騙上當又心懷偏見的自己。他們認為只要讓國會議員拿起斧頭打碎晴雨表，就能改變一切。他們企圖打破芝加哥與明尼亞波利斯[6]的穀物交易晴雨表，以及紐奧良和紐約的棉花交易晴雨表。

二十年前，德國在農民的要求之下，以毀滅性的法律打破了穀物晴雨表。結果如何呢？德國必須在舊的方案之上建立新的晴雨表，而為此預先自掏腰包的正是農民自己。德國人學會了放手不管自由市場，這是英國人早就明白的道理，並根據這樣的認識，靠著全世界有史以來最遼闊的商務貿易，建立起最大的帝國。

---

6 位於明尼蘇達州的農業大城，全美將近10％的麵粉皆出產於此。

第六章

股市預測的罕見特質

A UNIQUE QUALITY OF FORECAST

　　華爾街有兩個。一個是現實中的華爾街，人們對它的定義正在從無數錯誤的認識中逐漸取得一致；另一個則是虛構的華爾街，出自譁眾取寵的報紙和追求人氣的政治人物。虛妄的戲劇詮釋下的華爾街，人物並不比五十年前老派通俗劇中的類型真實——那些誇張醜化的人物，驚人且愚蠢地在電影銀幕上重現。相信第二章的內容已經充分說明了電影中的華爾街，那種廣為流傳的誤解。

▶ 主要趨勢不受操縱

其中，最大的誤解之一（也是最質疑股市晴雨表作用的），就是認為操縱行為可能扭曲原本權威性、具啟發意義的股市走勢。

筆者在華爾街浸淫二十六年，在此之前，還包括在倫敦證券交易所、巴黎證券交易所，甚至是一八九五年約翰尼斯堡交易所「鏈條封路」的黃金類股瘋狂投機熱潮等經歷。我自認比任何人更有權威，但是在所有經驗中（無論其價值如何），我找不出一個例子足以證明市場主要趨勢的推動力甚至起源，是取決於操縱行為。每次牛市和熊市的發展和結束之前，都有整體商業現況可資佐證，無論其中有多少毫無節制的過度投機或過度清算，尤其是在主要趨勢的最後階段；如果我們的討論不能說明這一點，那麼就是白費力氣了。

▶ 永遠無法達成的融資

即便這是較為籠統的說法，但我相信基本上是準確無誤的（編按：即主要趨勢無法被操控）。當詹姆斯・基恩

決定替那些促成合併但無法流通股票的人，承接銷售22萬股聯合銅業公司股票的任務之時，據估計，在配銷的過程中，他必定交易了至少70萬股[1]。他將股價拉抬到高於票面價格，讓他的雇主實現了90到96點的淨利。這算是相當小的股票集資；但我們不妨假設，必定有個規模超過股市所見的「大型壟斷集團」，參與了所有重大銀行機構的合作，一同製造出大盤的牛市行情，沒有他們的介入，基恩所有的努力都只是白費力氣。

我們姑且承認，這個超級聯合集團有能耐，可無視鐵路與工業平均指數四十檔成分股以外的大量活躍股票，對抗訓練有素的輿論意見。我們假設，這個聯合集團一反先前的做法與信念，大量買進股票哄抬價格，而且買進的不僅止於22萬股，而是百倍於此的數量，卻奇蹟似地「並未引起大眾的懷疑」。

任何在小學課堂上學過二加二等於四的人，一定都會發現這是將自己帶進了算術上的死胡同。這個聯合集團想

1　當時，銅礦大王海因茲（F. Augustus Heinze）與製冰業龍頭查爾斯‧摩斯（Charles W. Morse）聯手設立名稱響亮的「聯合銅業公司」，其目的並非是真的要生產銅金屬，而是盤算著要壟斷自己公司的股票，藉著買進股票及看漲期權（Call Option）去拉高股價，誘使別的投機者進人做空。等到他倆壟斷股票之後，便可行使看漲期權。

必不會滿足於不到40點的淨利，因此在建立起一個可媲美基恩為聯合銅業建立的行情之前，實際交易可能就會達到約1億2,000萬股，若以票面價格計算，等於融資金額會達到數十億美元——如此規模的融資，參與的大型銀行想必只能放棄所有其他業務，全力為此集團操作。只要我們有個國家銀行系統存在，這樣的聯合集團都不可能完成那樣的操作，甚至連十分之一的規模都做不到——真的有人認為有可能借助聯邦準備系統，採取這種會孳生恐慌的操縱活動嗎？

▶ 可能進行操縱的部分

那個所謂「聯合集團」中所有富裕的成員，必定已經持有大量股票、債券、不動產，以及工業生產事業，因此，考慮到熊市中規模相應的操作條件，會讓這件事變得更加荒唐。我甚至連想都沒有想過。

基恩在一次全面上漲的牛市期間，銷售的股票數總計達美國鋼鐵公司二十五分之一的普通股，當時他有「標準石油幫」的強大財富作為後盾。在他銷售美鋼的普通股和優先股時，背後支持的不但有摩根銀行的影響力，還有加

入這個鋼鐵聯盟的每一個集團的影響力，加上大眾普遍贊同——他們正確體認到生產與貿易出現驚人、甚至是空前的擴張。但即使擁有那樣的支持，基恩的努力能獲得百倍的成果嗎？參考主要走勢、研究股市晴雨表的商人、銀行家、製造業者，根本不會相信他們會被操縱所誤。

▶ 羅傑・巴布森的理論

但是這種（股市可以被操控的）想法卻廣為流傳。這裡無意引起爭議或鼓勵爭論，如果我以羅傑・巴布森（Roger W. Babson）[2]和他的著作《商業晴雨表》為例，我確信他立刻就明白，這並不是要貶低或批評他的潛心力作。持平起見，我必須指出，以下摘錄的內容是巴布森先生於一九○九年出版的：

「緩慢下跌的市況通常意味著，最精明的投機者預期整體商業在近期會有一段蕭條時期；而緩慢上升的市況通常意味著，繁榮興盛的商業形勢可期，**除非下跌或上漲是**

2　美國經濟學家和商業理論家，也是巴布森商學院（Babson College）的創辦人。

由人為操縱引起的。事實上，若不是為了操縱，商人們幾乎可以只仰賴股市作為晴雨表，讓那些大型市場操盤手承擔，蒐集判斷基本面必備資料的費用。然而可惜的是，不可能光靠研究股市區分人為波動和自然波動；因此，儘管銀行家和商人或許將股市視為晴雨表**之一**，但應該只會給予它合理且相稱的比重。」[3]

◗ 巴布森的圖表

如果必須在水銀柱很短的「晴雨表」，和總體準確性很差、精密而敏感的「無液晴雨表」之間進行選擇，我們應該選擇哪一種晴雨表呢？

股市晴雨表並不完善，或者更正確地說，解讀晴雨表的技巧尚未成熟，遠遠達不到完善。但並不是如巴布森認為的那種不完善。若從一段合理的時間來看，晴雨表確實發揮了預測的功能，達到幾乎不可思議的準確度。我們就從巴布森的圖表中舉幾個例子，在穩定上升曲線上下方的

---

3 《財富累積的商業晴雨表》（*Business Barometers Used in the Accumulation of Money*），羅傑・巴布森，一九一〇年。

那些「圖點」，代表一個發展中國家的財富在穩定增加，我們應該能看出，在巴布森有素材可以在方框中，畫出令人印象深刻且富有啟發性的圖表之前，股市是如何預測的。

對如此有趣的出版品不熟悉的人，這裡或許可以解釋一下，巴布森的圖表以縱向欄位分成一年十二個月，再以編號的橫線畫成方格，代表所有商業因素涵蓋的領域；至於排列在貫穿圖表、漸趨向上的中線上下方的，則代表美國不斷增加的財富。

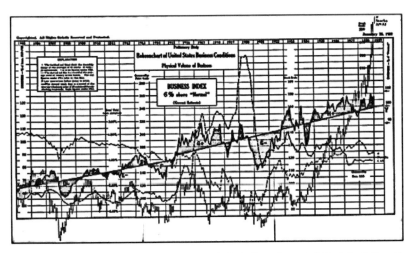

（編按：一九二九年一月二十八日，巴布森商學院出版的《美國商業狀況的巴布森圖表》，即用於商業和貨幣投資管理的晴雨表。）

▶ 股市多空是如何預測的？

我們可以看到，灰色區塊的部分會隨著時間經過逐漸變大，若完成灰色區塊的時間愈短，那麼蕭條或擴張的程度也就愈深（或愈高）。根據現實中的可能性，我們可以假設灰色區域的上方或下方會彼此平衡，至少極為接近。在巴布森的圖表中，其中一個灰色的蕭條區域是從一九〇三年開始，只在那一年的下半年發展到足以辨識的面積，並持續至一九〇四年的一整年，最後在一九〇五年前半，浮出在財富增長線的上方。

股市也預料到這個商業不景氣的區塊，即從一九〇二年九月開始的重大空頭走勢，並持續到一九〇三年九月。等到股市在一九〇三年九月轉為微幅看漲並在隔年六月轉為強勢看漲之際，巴布森的「不景氣區域」依然是主流看法；而巴布森的不景氣區域一直到一九〇四年年底才結束。

儘管市場在一九〇五年九月已經顯示出強勁的擴張徵兆，巴布森的圖表卻直到一九〇六年才顯現出來。然而，股市晴雨表卻預知了巴布森所說的所有擴張趨勢，且這一波長期牛市一直延續到一九〇七年一月，超出了應有的時

間——這種傾向在牛市與熊市同樣都有。

▶ 真正的晴雨表

巴布森圖表中的擴張區域在一九○七年達到最高點，當時股市已經開始出現空頭走勢，直到同年的十二月初，共持續了十一個月，預測時間比巴布森真正計算的不景氣區域提早了很多，而這次不景氣雖然嚴重，但時間並不長，延續到一九○八年年底為止。

在那之後，出現在那條線上方的擴張區域，得等到一九○八年七月底，才開始在市場上展現力道；但股市晴雨表再次預言了牛市將出現的榮景，這次的起點在一九○七年十二月，結束於一九○九年八月；從那時候起，同樣準確地提前許久便預測了巴布森的下個蕭條時期。

這確實證明了「股市」是晴雨表，巴布森的圖表嚴格來說只是一種紀錄，如果有人跟勤勉的紀錄編纂者一樣聰明，當然也可以從中獲取對未來的珍貴指引。套一句已經被用濫的詞語，股市晴雨表是「獨一無二」的。須知「獨一無二」這個詞並不需要多做解釋——我們的晴雨表不是相當「獨一無二」，不是幾乎「獨一無二」，或是根本「獨

一無二」。晴雨表只有一個，而且無法複製，就像上述這個簡單例子說明的，它可以在多個月前預測出整體商業情勢，其他任何指數或指數的組合都無法勝任這項工作。

我們能幹且具備高度科學性的氣象局，經常駁斥外界認為整體天氣情況將出現劇變的謬誤，這並非是想回到冰原時期，而是告訴我們：以前曾經發生過旱災與酷寒，而發生的間隔是不確定和無法計算的，如果它企圖做出具體的預言——從無數的一般性事件中挑選出一件特殊事件，那麼它也不過是在猜測罷了。

塔夫脫總統宣誓就職的時候，有人正好在華盛頓，而且記得當時的天氣預報顯示為「晴朗溫暖」嗎？就在塔夫脫就職的隔天，我前往賓州鐵路公司（Pennsylvania Railroad），當時暴風雨吹倒了紐約到費城之間的所有電線杆。甚至聽說有部分特別列車沒能抵達華盛頓，因此錯過了閱兵典禮——即使是無液氣壓計也只能根據大氣壓力，預測幾個鐘頭後的狀況。

▶ 被高估的週期

還有其他類似「巴布森圖表」的編纂紀錄，其中，哈

佛大學的紀錄我會在一個比較合適的地方提及。我傾向於認為，大家太過重視週期理論，就好像我們看到查爾斯·道所做的，將他支持的十年週期分成假想中、但並不存在的五年熊市與五年牛市。但巴布森會告訴你，他的擴張區域甚至是通膨區域，時間長度並非五年，而是兩年或是低於三年，價格突破最高點的時候未必落在最後暴增階段；價格跌破最低點也未必是在蕭條時期。

股市危機可能發生在牛市中期，就像一九〇一年的北太平洋鐵路恐慌；或者就像一九〇七年，在股市出現重大空頭行情期間，情勢發展趨於嚴重且劇烈，進而發生「準恐慌」。巴布森正確說明了緊跟在「準恐慌」之後的商業蕭條，但這早在股市下跌走勢中已經出現預兆。

如果所有經濟恐慌與工業危機都是由相同的起源引起，並且可以用某種確定的規律預測出來，那麼那些恐慌與危機就根本不會發生了。這聽起來像是「愛爾蘭牛」（Irish bull）般的自相矛盾，但也可能是陳述事實──難道不是愛爾蘭人說「愛爾蘭牛」與其他牛類的區別，在於它總是可以懷孕嗎？這裡我不深入探討這個週期性的問題，因為我們非常清楚地明白，股市並不是由這種理論去推動的。

▶ 秩序是天地間第一法則

　　如果說華爾街是由美國涓涓細流的流動資本匯聚而成的大水庫，票據結算所則是由點點滴滴的商業現況貢獻出的事實總合。不能不一再強調的是，股市走勢代表從累積事實中推論出來的結果，包括建築與不動產、銀行清算、企業破產、貨幣供需、對外貿易、黃金流動、大宗商品價格、投資市場、農作物收成、鐵路收益、政治因素與社會環境，除了這一切又伴隨著不計其數的其他因素，每一個因素都會對股市有細微的影響。

　　由此可見，我們在先前的討論中提出的假設是多麼正確——華爾街沒有人能掌握所有的事實，更不用說所有事實代表的意義。但是不偏不倚又冷靜的市場晴雨表所記錄的，就跟水銀柱記錄大氣壓力一樣清楚明白——股市的波動從來不是偶然的。我認為我已經證明，扭曲股市的波動以遂行欺騙目的是不會有任何好處的，因為必然有某種法則在支配市場波動，而我們現在的目標，就是看看能否系統性地歸納出有用的說明。

許多年前，喬治・卡伯爾（George W. Cable）[4]曾說，「我們所說的機會，可能是一種浩瀚的法則作用的結果，我們一生只能接觸到此法則的軌跡一、兩次。」我們沒有必要迷失在天意和宿命的迷宮，或是將「威敏斯特信仰告白」（Westminster Confession）[5]斥為荒謬，認為人生只是一件又一件討厭的事。但我們應該都要體認到，「秩序」是天地間第一法則，而井然有序的社會，不管是在證交所還是其他地方，往往都會遵守這個法則，只不過，未受輔助的個人智慧不足以理解這個法則。

4　二十世紀初期的美國小說家。
5　或作《西敏信條》，是基督新教在宗教改革之後最後一個系統性的信條。

第七章

操縱行為與專業交易

MANIPULATION AND PROFESSIONAL TRADING

　　看過前面章節的讀者或許會在這裡停下來，算算從道氏股價走勢理論的完整基礎開始，我們得出了多少推論，以及那些推論有多少能夠加以證明。我們已經確信道氏所說「股市有三種明確走勢在進行」是對的，分別是：上漲或下跌的主要波動；偶爾因次級漲勢或回跌而暫停主要走勢；以及不可計數的每日波動，但是基於我們交易的目的而大致上忽略不計。

　　我們從案例中確知，在一個窄幅區間交易的時間——我們稱之為「線」——會隨著交易天數的增加而更加重

要，這只代表著股票的集中或分散，而後續的價格走勢，則顯示市場上到底是股票匱乏狀態，還是因為過度供給而飽和。

▶ 一如既往的事實

但我們可以再更進一步。光是從先前的章節，我們就能看出每一次重大波動，都可以從後續全國整體商業形勢中得到印證。股市趨勢不需要、也不會受到操縱。雖然市場似乎經常與商業狀況背道而馳，但這只是因為它的實用性可以由此達到最大化，進而滿足真正的預測功能——**股市告訴我們的，並非是眼前的商業狀況，而是未來的方向**。已知的新聞是價值打了折扣的新聞。人人都知道的消息不再是影響市場的因素，除了經濟恐慌中的罕見情形，因為當時的股市「公認」對突如其來的局勢措手不及。

當上述文章在全國性的財經週刊《霸榮周刊》（*Barron's*）連載之後，我根據對晴雨表的解讀，在一九二一年九月十八日納入以下的推論，這篇文章在十一月五日刊登。這並不是猜測，而是由合理可靠的前提做出的科學推論，並正確地預告市場主要方向的變化：

「有一個相關的例子可以用來檢驗目前的市場走勢情況。我曾被質疑，要求我提供證據證明股市晴雨表的預測價值。如今歐洲金融情勢低迷，棉花歉收，通貨緊縮造成各種不確定性，國會議員與課稅機構毫無原則的機會主義，戰後通貨膨脹的餘波——失業、煤業與鐵路業的薪資微薄——種種因素現今正威脅著美國的商業，股市的表現彷彿局勢眼看著就要好轉。一直有人說，熊市在一九一九年十月底至十一月初開始，到了一九二一年六月二十日觸底，二十檔工業類股的平均指數跌至64.90點，二十檔鐵路類股的指數為65.52點。」

▶ 當代案例

　　在一九二一年八月最後一週的開端，隨著兩項平均指數再創新低，看似熊市可能再起。但別忘了「平均指數必定互相驗證」，《華爾街日報》八月二十五日指出：

　　「就平均指數而言，遠遠不到進展為牛市的程度，但是兩者也並未同樣清楚顯示大盤將恢復熊市走勢。」

鐵路股當時正形成「走勢曲線」，並在技術性跌破低點不到 1 點後就恢復漲勢，而且並未創下明確顯示恢復熊市走勢的新低點。到了九月二十一日，曲線明顯呈現鐵路股可能持續籌碼集中，工業類股也印證般地上漲，《華爾街日報》的「股價走勢研究」指出：

　　「若說我們正面臨酷寒，這並不中肯。觀察股市如果不跳脫這樣的偶然性，那就沒有意義了。股市似乎預測來年春季的基本面穩固，整體商業環境會好轉。極有可能一波重大牛市行情已經蓄勢待發。」

　　那個時候，工業與鐵路指數都發展出完整的曲線，意味著籌碼集中，工業指數的高點甚至明顯高於前一波漲勢的最高點。《華爾街日報》在十月四日的分析中指出：

　　「根據驗證有效的股市平均指數解讀方法，唯有工業指數下跌 8 點、鐵路指數下跌 9 點，或低於六月二十日創下的主要空頭行情低點，才代表回歸熊市行情。另一方面，鐵路股目前的數字只需要上漲不到 1 點，兩種類股指數就創下新高，代表重大牛市行情的到來。工業類股已經

達到這個高點，兩種平均指數均顯示十分清楚且明確的籌碼集中線，隨時都可能顯示市場流通的股票供應不足。」

在這篇論述縝密的分析中，最後一段提到：

「價格偏低，因為評論家列舉的所有空頭因素，已經都折算在價格中了。當市場遇到意外狀況，會出現恐慌，歷史紀錄顯示意外情況相當少見。如今所有看跌的因素都已經為人所知，也確實如公認般的嚴重。不過股市的交易並非根據現今眾人皆知的消息，而是將專家的知識總和應用在多月前預見的情況。」

▶ 亨利・羅傑斯及其批評者

以上就是對這個理論的應用，讀者可以從市場後續的發展，判斷股市晴雨表的價值，甚至也可以自行做出同樣的分析，用同樣的前提小心測試其中的論據。

專業的投機者或許有可能鼓勵大眾相信他們戰無不勝、所向披靡，即使無知的大眾以為他們的勝算不大，專業人士也對籌碼瞭若指掌。許多年前，鮮少對媒體談話、

已故的亨利‧羅傑斯對我說：「喜歡製造新聞、譁眾取寵的報紙總是攻擊洛克斐勒（John D. Rockefeller）[1]和他的同事們坐擁巨富，但是它們卻為標準石油公司帶來了數百萬元的財富。你和我都知道自己並不是無所不知、無所不能的，但是透過報紙社論的含沙射影和連環漫畫上的暗示，那些讓我們招來大眾忌妒憎恨的人，為我們創造出那樣的印象。如果每一個必須跟我們打交道、做生意的人，都事先認定我們有能力可以對其予取予求的話，我們就擁有一項非常寶貴的商業資產。」

正是這種煽動者的行為促使標準石油公司拆分成三十三個公司，而這又使標準石油公司的股票價值翻了三倍，同時也帶動汽油價格升漲三倍。或許那些報紙的經營者也是標準石油公司的持股人吧！不過，這件事發生在福特汽車普及前的年代，他們或許認為，讓富有的車主們為汽油多花點錢是一項公益事業。

1　二十世紀首富、石油大亨，一八七〇年創立標準石油公司，全盛時期壟斷了全美90%的石油市場。

▶ 投機者對未來的推論

　　認為專業人士有不公平的優勢，這是絕對沒有根據的想法。專業人士，例如傑西・李佛摩（Jesse Livermore）[2] 的推論，就如同本章與先前章節所提出的推論一樣，然後以其對整體商業狀況的研究來驗證——李佛摩在一九二一年十月三日表示，他一直在買進股票（基於他主動做出聲明，我們依理相信他），很顯然，**他心中試圖形塑出在一個他所能預見的未來，投資大眾與投機者在那個未來會有什麼樣的想法。**

　　這並不是操縱。這些投機者並沒有創造任何不真實的市場，或有欺騙性的活動表象，去誘引大眾入局，如同遊樂場外招攬顧客的人。十月三日，《霸榮周刊》的專欄引述李佛摩的話說，「所有市場動態都是基於完善的推論。除非有人可以預測未來的事件，否則他投機成功的能力有限。」他又補充說：「投機是一門事業。既不是猜測，也

2　華爾街史上最富盛名的傳奇投機客。在李佛摩傳奇性的一生中，曾兩度放空美股，造成美股大崩盤，大賺一億美元，但他也曾歷經八次破產，但仍又崛起，且一次比一次強盛。關於李佛摩的交易生涯與心境轉折歷程，請參閱《股票作手回憶錄》一書，大牌出版。

不是賭博。而是辛勤努力，而且是大量努力。」

▶ 道氏的清楚定義

我們再來比較查爾斯・道二十年前在《華爾街日報》發表的內容。他在一九〇一年七月二十日的社論中指出：

「市場不像氣球隨風四處飄盪。整體而言，市場代表一群眼光長遠又消息靈通的人，經過深思熟慮將股價嚴謹地調整至現有的價格，或是近期內預期將達到的水準。**操盤高手關心的不是股價能否上漲，而是他們計畫買進的資產價值，能否促使投資人與投機者在六個月後，以高於目前股價10到20點的水準買進股票。**」

請注意，李佛摩巧妙表述的想法，與道氏超然、公平的更完善定義是如何呼應的。伯納德・巴魯克（Bernard M. Baruch）[3]曾在戰後當著國會委員會的面前提出證據，

---

3 二十世紀初期的傳奇交易員，巴魯克二十一歲進入華爾街，不到三十五歲，他已經手多件轟動華爾街的交易案，生前的聲譽相當於今天的巴菲特。關於巴魯克的交易生涯與投資智慧，請參閱《華爾街孤狼巴魯克》一書，大牌出版。

證明他在一場市場操作中獲利頗豐。他輕描淡寫地指出，他只是分析了眾所周知的因素，並清楚預測到這些因素可能對市場造成的效應。巴魯克表示，他並沒有所謂的「內線消息」，也沒有華盛頓政府部門雇員出賣的祕密情報，所有認識他的人都不會對他有所懷疑。華爾街認為這類祕密消息無甚價值。祕密消息雖然未必都像兜售消息的人一樣毫無價值，對於個別股票或許會有不公平的優勢，但是完全忽略它們也不會造成什麼損失。

▶ 有人輸得起──

詹姆斯・基恩、古爾德（Jay Gould）[4]、柯馬克（Addison Cammack）[5]或過去其他股市風雲人物的成就，是那些具備同等思維、才智，並願意花費精力瞭解成功所需的知識之人，無法用最公正平等的方法來達成的。

但李佛摩或巴魯克又做了什麼，讓他們招致批評呢？

4　古爾德是惡名昭彰的鐵路開發商與投機商，也是最早了解「公關」對增進企業利益有多重要的生意人之一。

5　當代華爾街最傑出的作手之一，以做空股市聞名，他擅長運用恐懼與希望這兩大人性，來醞釀他的空頭策略。他的名言是：「百樹枯槁前，千萬莫放空」。

他們付出賣家要的價格，但是不接受股票賣出時有「附加條件」。賣方認為自己賣出的理由，與買方買進的理由差不多。如果賣方是羊毛織品業的批發商，出售他在美國羊毛股票的投資，或者銀行家出售美國鋼鐵公司的普通股，自以為預見到有毀滅性的海外競爭，可能是認為自己的消息來源比投機者的消息來源多。投機者承擔的風險和他一樣。雖然他們常常判斷錯誤，但不會為此哭泣抱怨。我認識許多這類股市作手，卻從未聽過他們在失敗時怨天尤人，或是在成功時自吹自擂。

▶ ──有人輸不起

但是對華爾街抱持陰謀看法的小賭徒，卻選擇與訓練有素的人較勁，他們的對手不光是投機者和紐約證交所交易大廳的專業交易商，還有出於業務需要而研究商業情勢的人。這種賭徒是輸不起的失敗者，而且通常口舌便給。

如果這些人能在初次冒險時就得到這樣的教訓，以至於把他與華爾街的未來關係設定為「阻止它成為賭博之地」，那麼對他（和那些依賴於他的人）來說還算是幸運的。股市若真的由這類賭徒掌控，華爾街真的會淪為賭

窟。為了國家長久的信譽著想，我們要信心十足地認定並非如此。

▶ 拒絕成為古爾德的合夥人

查爾斯·道熟識古爾德，也如同當時的報人一樣得以獲得他的信任，因其獨立且不能被收買；道氏在一篇社論中表示，古爾德在股市建立部位，主要是根據價值。他利用購買充足的股票，看看大眾是否有反應，並以此來測試市場——他是否正確預測大眾理解他認可的價值。如果反應並不是他預期的，他會毫不遲疑地在損失大約 1 點時認賠，以便從超然客觀的觀點重新思考自己的部位。

幾年前，新街（New Street）一個窮困潦倒的無業遊民、投機市場不討喜的邊緣人之一，坦言古爾德曾提議邀他當合夥人。這幾年我再也沒有見過他，但是幾年前他在紐約證交所是名前途光明的年輕交易員。他在交易大廳執行交易指令，成績相當傑出。那可是艱苦嚴苛的工作，要求具備即時判斷與行動的能力，還要能挑出職棒大聯盟的明星球員。

當時，古爾德的許多交易指令都是委託這位股票經紀

人完成的。不用說，在眾多經紀人中都不會看到古爾德所有的委託單。古爾德對自己的業務進行方式非常滿意，於是派人接觸那名年輕人，邀請他加入成為自己的有限合夥人。但是令古爾德意外的是，對方竟然拒絕了。

那位股票經紀人說：「古爾德先生，我執行了您的許多交易單，而您在我看來似乎虧的比賺的還多。那不是我想參與的事業。」他沒有發現自己的視野受限，只看到古爾德諸多面向活動的其中一面。機會來敲他的門，但這名年輕人卻表現得他只能做好一件事。他管理事務的判斷力毫無價值，後來也證明如此，因為他從紐約證交所流落到新街，而我猜，他到了那裡之後就泯然於眾了。其實，很多人都曾被機會召喚過，卻很少有人雀屏入選。

▶ 精明的交易商

任何一種稀有人才，都會因為「稀有性」而獲得巨大報酬。將股市視為賭博的業餘愛好者，打從一開始就錯了。他總是在賠錢時緊抱不放，令他懊惱不已的是，在自己順心如意時卻只是小賺一筆。他所忌妒的投機者，那些被他指控在骰子和紙牌上動手腳的人，完全打亂他的套

路。無論投機者的信念有多強，只要市場與他們的想法不相符，或者不能支持他們做出的推論，他們就會快速撤離市場——正如同古爾德，他們或許超前市場太多了。

我在華爾街遇過的聰明人之一，是過世不久的一位前教師兼古典文學學者，他的嗜好是蒐集珍稀錢幣，但真正的事業卻是投機買賣。他買下證交所的席位不是為了省下價差（market turns）或經紀人的佣金——他只是個投機者，坐在顧客操作台前或股價收報器附近。然而，那個人卻靠著判斷、鑽研、謹慎冷靜，以及最重要的是很快就能看出自己的錯誤，他每年賺的錢從來不會低於三萬美元；他英年早逝，留下一筆可觀的財富，以及價值不菲的珍稀錢幣收藏。

他挑選股票是靠分析價值和研究市場走勢。他會大膽買進，但一定都在自己的財力負擔範圍之內。如果市場走勢未如他的預期，他能毫不遲疑地認下 1,000 股下跌 2 點的損失。要是遇到這種令人喪氣的事，他說，除非自己跳出去，換一個客觀的觀點，否則無法形成正確的判斷。

他原先擁有的資本足以完成醫生或律師的必要教育，或是以那些資本執業。但他全心全意、但絕不自私地投入自己的投機事業。他在牛市的早期一直做多股票，到了牛

市的最後階段，他通常會到歐洲一遊，充實自己的錢幣收藏。他並非個案特例。我還能列舉出其他類似的人，但我並不是要鼓勵讀者進行投機交易，即使你有精神毅力能遵守同樣嚴苛的條件。但如果你有自己喜歡的事業，能讓你游刃有餘地應付那些無法預料的事，何必要在股票上投機呢？至少我不會這麼做。

▶ 鍋爐的調節刻度表

　　本書從一開始至今，討論過一些需要思辨的問題，還有許多不相關的問題，其中一個問題兼具這兩種性質，即是專業投機者在經濟上是否有其必要？我不打算捲入經濟學的學術討論，更不想深入抽象的道德問題。我只是如實地描述股市晴雨表，以及它所能發揮的強大用途。因此，我有必要說明股市晴雨表絕對不複雜的機制。

　　股市晴雨表既不像粗陋的水銀柱晴雨表那樣簡單，也不像十分精密的無液氣壓晴雨表那麼複雜。至於我是否願意當個專業投機者，這個問題就無關緊要了。我們不需要回頭借用二千四百年前的古希臘邏輯，就能知道「興趣」是沒有道理可講的。

「分配」的重要性與「生產」並無二致，而「資本的分配」是華爾街最大的功能。專業投機者並不會比地下室中蒸汽加熱設備的氣壓計多餘。華爾街是美國重要的金融發電廠，所以絕對有必要知道，蒸汽壓力會在什麼時候超出鍋爐能承受的程度。請不要將我們的比喻弄混了，「安全閥門」是每個人都需要的。而股市的作用不僅於此；然而，專業的投機者無論動機多麼卑劣，都是這部股市機器有用且非常可靠的一環。投機者或許在過程中發跡致富，但這不在我們的討論範圍，除非我們採用布爾什維克[6]的信條，認為個人財富是邪惡的。

　　此外，許多人憎惡任何套用布爾什維克主義修飾的東西，他們信奉的則是另一種信條，這在任何國家都危險得多。該信條認為財富以及隨之而來的權力，會招來忌妒而非仿效；如果我們不能立法讓人人富裕，顯然可以立法讓所有人貧窮。達到那樣結果的捷徑，就是徹底消滅證交所。但只要證交所存在，我們就有必要去了解。或許這樣做的同時，我們可以形成有用的建議，改善晴雨表並擴大它的用處。

6　即共產主義的前身，主張資源平均分配，消除貧富差距。

第八章

市場的機制

MECHANICS OF THE MARKET

　　我們已經證明，從平均指數的反應來看，操縱行為其實對股市的主要趨勢或重大走勢沒有實際影響，或者說不可能有影響。在大牛市或大熊市期間，推動股市前進的力量是操縱行為無法左右的。但是在道氏理論的其他走勢中，例如牛市中的次級回檔或熊市中的次級反彈，或者是一直在進行的第三種走勢（每日波動），靠著具話題性的重要議題，就有其操縱的空間，但這只限於個股，或是少數類股。

　　對石油類股發起突襲，或是突襲空頭帳戶，特別是針

對墨西哥石油公司（Mexican Petroleum），或許輕易就能達到驚人的暫時性效果。這種情況可能可以把部分弱勢的持股人洗出場，或者迫使一些做空者回補空單。這種專業的「轉手倒貨」（scalping）在次級波動中通常明顯可見，而且理由充分。

▶ 交易商與賭徒

每一次的重大行情，無論是牛市還是熊市，趨勢通常都會超越大盤本身。就像交易商說的，有太多公司站在多頭；或者反過來說，「借券集團」（loan crowd）顯示有太多做空者在借股票——出借股票甚至有溢價，相當於倫敦所稱的「延期交割費」（backwardation）。這是專業人士的機會。他在超賣的市場中買進，或者利用測試出貨試探市場的承受力，這個市場買得不是很明智，但是力道強勁。

小型投機者，尤其是小型的賭徒，會在專業人士的手上遭殃。小型投機者信奉「內部消息」和「直覺」——他沒有真正研究過自己交易的東西；對於二手消息不做辨別就全盤接受，缺乏區分好壞的能力。一開始他沒有參與市場，而市場沒有他也運作得非常順暢。如果你認為證交所

是靠他們這些人才得以運轉的，那就大錯特錯了。任何一家證交所都會告訴你：它們客戶的消息一直都比別人還要靈通。

當然，如果無知的人坐上一場需要專業知識的賭局，對上其他對遊戲規則瞭若指掌的人，就算輸了也只能怪自己——但他們其實都大聲地怪罪華爾街。大部分的股票經紀人有大量時間都耗費在保護顧客不被自己所害。那是個吃力不討好的工作。傻瓜很快就守不住自己的錢財。

▶ 欲加之罪

但我們必須明白，輸錢並不是投機活動主流中的一部分。它與主流投機行為的關係，就如同日常波動與主要市場趨勢之間的關係。當然，每個人理解的程度不同，但若以為股票投機（至少賭漲）是一種賭博，除非另一個人有同等的損失，否則沒有人能贏，那是致命的錯誤。牛市中未必會有這樣的損失。實力弱的持股人在次級回檔時被洗出市場，錯過了部分獲利；而在這樣的走勢到達最高點時，很多人會喪失對價值的判斷力，只是看可能性買進，暗自期望可以把持股出脫給某個比他們更貪心的人，這樣

的人很容易受到傷害。

就怪罪華爾街而言，這似乎已經成了「欲加之罪，何患無辭」。那些違約的銀行員工經常會如此辯解。他們所有的交易與合約都有案可查；但是法院卻鮮少要求他們清楚說明他們的投機帳戶。

他們絕口不提自己聲色犬馬，或者用其他諸多不正當的方式花用別人的錢。他們辯稱自己「被華爾街洗劫」，容易感情用事的人因此又重新接納他們，對邪惡金融區的誘惑表示驚恐，然而，連金融區最簡單的功能，這些人卻都沒有用心了解過。

不成功的小型投機者，苦惱於自己無法在股市中賺錢，卻沒能了解真正的原因；他學會了一些技術性詞彙，而那些用語容易哄騙比他更不懂股市的人。他喜歡譴責「專家」和「場內自營商」，將那些人歸類為賭場的莊家，甚至還不如賭場本身值得尊敬，因為莊家的機會大得離譜。

先說場內自營商，或許有人認為只有對上純粹靠猜測、企圖在活躍的市場上快速獲利的新手，交易商才真正有微小的優勢。精明能幹的股票經紀人都不會鼓勵門外漢做那樣的事，而我非常熟識的華爾街股票經紀人，對於那

些容易成為負債而非資產、又老是惹人厭煩的客戶往往避之唯恐不及。

▶ 場內自營商與價差

我並不打算寫一本教科書，講述華爾街與證交所的實際業務操作。該領域已經有傑出的著作探討。現在需要的是充分說明股市晴雨表的構造原理，特別是一般可能認為影響市場的因素，無論對錯。

因此，我們大可以說，「場內自營商」必然是證交所的成員，通常也是證券經紀公司的合作夥伴。場內自營商完全不受外力影響，只為自己操作，沒有給自己佣金，在價差的問題上比場外投機者更有優勢，而這當然是指買賣雙方出價的差額。股票愈活躍，價差愈小，平均水平大約在0.25%左右。

假設美國鋼鐵公司普通股的買方出價是90.25元，賣方報價是90.50元，掛出賣單的顧客無法期望價格能高出90.25元，但如果他希望買進，那麼就必須付出90.50元的價格。場內自營商通常可以省下這樣的價差或部分價差，當然，這不是針對顧客。他或許能以90.375元成交，甚

至以賣方報價賣出。

無論他怎麼做，對每日波動都有影響。實際上，這意味著場內自營商有能力進行快速交易，場外交易商卻做不到。在日常慣例中，交易商會在收盤時將帳面做平，不會對偶爾的損失感到不捨，或是對損益兩平感到開心。

◉ 買空賣空

所以很明顯的，場內自營商抓到大約1點的價差時，就有了優勢——如果顧客想這樣做，他會從買賣雙方各自得到0.125％的法定經紀人佣金，市場差價就是0.25％；因此，純粹以賭博來說，他是在對輸贏機率均等的賭局下重注。

「非法投機商號」（bucket shop）會鼓勵他從事這種交易，因為這種機構的經營者一直在揣摩新顧客的想法，一有機會就徹底地剝削掠奪。顧客的委託單根本沒有真正在股市執行；如此一來，他就能將大得離譜的莊家機會納入囊中。但我們是將證交所本身，以及投機市場視為交易晴雨表。利用顧客的錢買空賣空並不屬於證交所的業務，警察可以在其他地方阻止這種投機行為——如果他們願意這

麼做的話。

▶ 滿意的老顧客

如果顧客是根據價值買進，保證金充足，或者有能力
全額支付股款，加上在驗證之後相信自己買進的價格合
理，就算股價拉抬後仍具有吸引力，那麼雙向的佣金與市
場價差就不算什麼了──這就是證交所努力要爭取的那種
顧客。

有一家從一八七〇年起就持續營業的交易所，不久前
改了名稱，在它擁有的會員之中，至少有一位五十年的老
顧客，許多顧客亦長達二十年以上──這看起來並不像是
門外漢在華爾街就一定會虧錢，或者商業情勢不可避免的
會造成投資人虧損。

證券經紀公司和其他企業一樣，時時刻刻都在爭取新
客戶。但是經驗豐富的股票經紀人會告訴你：雖然廣告手
法會帶來顧客，但是只有公正無私的服務才能留住顧客。
我常常發現，華爾街真正成功的人都出奇地拙於言辭。經
驗教會他要守口如瓶，所以他們一點也不善於溝通。相對
的，那些不成功的人似乎無法對自己的虧損保持沉默，而

且常常會發現他們口若懸河，這是出自於性格中與生俱來的缺點——他們習慣少思慮、多言語。

▶ 無須為市場辯解

這不是在為股市辯解。我們的老朋友，也是我們不甘願認下的繼父喬治三世[1]，向來不是以機智聞名，但是當他收到沃森主教（Bishop Watson）獻上著名的《為聖經辯護》（*An Apology for the Bible*）一書時卻問道：「聖經還需要辯護嗎？」因此，我們在此僅是解釋股市的一部分機制，因為唯有了解這個部分，才能通盤了解美國商業晴雨表的本質與用處。

特定股票的「專家」在某種程度上相當於「股票經紀人」，或者更接近倫敦證交所的「經銷商」，場內的股票經紀人僅限於交易一、二檔活躍的股票，並接受其他證券經紀公司的委託單，進行這些股票的買賣。這些人經常不被外界了解，而且常被中傷。一般人誤以為他們習慣性（或

---

1 大不列顛及愛爾蘭國王。一七七五年四月美國獨立戰爭爆發，翌年的七月四日，北美洲十三個英屬殖民地發表《美國獨立宣言》，內容對喬治三世的殖民暴行多所控訴。

者至少偶爾）會濫用他們被委以「機密」的身分。專家根據經紀人的指示，在行情出現意外下跌時，以低於市價1點左右的價格掛出「停損」賣單，賣出若干股票，以限制顧客的損失。有人認為，專家為了自己的利益而造成那樣的跌勢。但其實光是操縱股市的嫌疑，就會讓他們流失業務、名譽掃地。不久前，有位證交所的成員就因此失去席次，那是我想到的唯一案例。

場內交易是由口頭進行的，並沒有經過書面合約，甚至沒有見證人，但各方絕對會履行交易承諾，我幾乎想不起有哪個例子引起過質疑（偶爾肯定會有誤解，但都會按照慣常的方式去做調整）。專家如果沒有像其他類似的仲介工作一樣，將雇用他的經紀公司利益放在心上，他就無法繼續營業。他的生計及其在業內的地位，都取決於此。

▶ 專業交易商的有限影響力

活躍的空頭交易員對平均指數有什麼影響呢？就主要趨勢來說，影響可忽略不計，在次級波動中也算是小因素，至於在最不值得考慮的每日波動中，他們有時候會對特定股票造成重大影響。只不過，這樣的操作並不會對我

們的晴雨表造成任何值得注意的影響。別忘了兩種平均指數採用的二十檔鐵路股與二十檔工業股的特性，每一個都符合紐約證交所嚴格的上市條件，每一家公司都定期發布詳盡的營運數字。沒有所謂「市場價值的內部機密」，任何可能性都會影響四十檔股票中的一檔以上。

也許，其中一家公司會突如其來地派發股息或增加股息——如果這件事真的令人意外（或非常可疑），但只要對該檔個股的影響分散到同類股的其他十九檔股票之後，那個影響就微乎其微了。我不記得現實中有這樣的例子，但突如其來派發股息的行動，想必會造成10點的波動，而它只能使平均指數出現0.5點的日常變化；如果派發股息的行動並未預示商業情勢有普遍性的改變，那點差異幾乎立刻就能回補。如果真的出現這樣的變化，我們完全可以確定股市已經有所反映，因為股市最能掌握商業情勢的變化，甚至比任何公司的董事會更了解。

▶ 賣空有必要且有用

在這裡討論賣空的道德意義並不恰當。事實上，在熊市中不可能得到利潤，除非以其他人的損失作為代價；而

在牛市中則至少可以因為其他人自動放棄利潤而獲利。

　　但是喜歡賣空的交易者對任何自由市場來說，都是利大於弊的。如果真的不存在這種行為，市場將變得非常危險，在其發展的任何階段都容易爆發毫無來由的恐慌。伏爾泰說過，如果世界不存在上帝，那也有必要發明一個。賣空行為的歷史必定已經很久遠了，或許可以追溯到倫敦股票交易所的前身——早在康希爾街的喬丹咖啡屋開業時，就已創造出賣空交易了。

　　賣空交易很快就成了必備的行為；而且有趣的是，倫敦市場幾次最嚴重的暴跌，並非發生在那些投機行為最瘋狂的證券上，而是出現在英國法律禁止賣空的銀行股上。正因為某些銀行股沒有根據的壓力，導致一八九〇年的霸菱（Baring）銀行危機[2]如此嚴重。對一個下跌的市場來說，最有價值的支撐莫過於未平倉的空頭帳戶。若像這個例子一樣缺乏空方，就只能靠著在倉促之下臨時結盟的銀行家，才能遏制毀滅性的跌勢。倫敦證券交易所於一九二二年在舊有的基礎上進行重整，沒有史多的政府十

2　一八九〇年，霸菱銀行在南美過分冒險的投資因阿根廷發生革命戰爭而付諸流水，為了規避資產蒸發的後續責任，霸菱宣布倒閉重整，因而引起市場恐慌。

預和管制，國會將廢除這條法律與替代法令（以保護銀行股，持續完整地公開消息，才是大眾最好的防衛機制）。

▶ 上市公司揭露條款的保護作用

二十年前，在查爾斯・道大略寫到投機交易，並順帶提及他的市場走勢理論時，一些被納入平均指數並在證交所場內自由交易的工業股，屬於當時所謂的「未上市部門」。我們很難想像，今天的《華爾街日報》會將道瓊工業指數的某些成分股稱為「盲池」；但是在亨利・哈維邁耶（Henry O. Havemeyer）[3]的年代，報紙社論卻會毫不猶豫地把這個稱號賦予美國糖業公司（American Sugar）。

紐約證交所汰除未上市證券部門，是它進行內部改革最令人稱道的例子之一。當時遭到證交所一些保守成員的激烈反對，主要是靠萬惡的既得利益集團而大量獲益的那些人。如今已過世的該機構前總裁，曾親自上陣在顧客面前大聲斥責我，就為了我鼓吹「改革極其必要」。他表示，

---

3 美國實業家，一八九一年創立美國糖業公司，該公司後來控制了美國98%的食糖加工產能。

那樣的煽動言論趕走了華爾街的業務——那是他們賴以維生的方法。他把至今與我有關的報紙和財經新聞服務雜誌都從辦公室扔出去。

但是他的客戶們讓他迅速恢復了這兩種刊物的名譽。美國糖業、聯合銅業和其他先前未上市的證券，現在已經能在證交所場內交易了。那些公司明白，它們若拒絕遵守那些針對聲譽良好的公司嚴格要求的揭露條款，公司的管理階層會遭到最嚴重的懷疑。證券交易公司對外界鼓吹的改革心存懷疑，這是很自然的，但我從未聽說它們有人建議要恢復未上市證券部門。

▶ 聯邦企業管理

我們在稍早的討論中提過，為了達到保護大眾的目的，需要採取某些更深層次的行動，而不是制定那種只會令誠實的公司感到為難，卻不能有效嚇阻詐騙交易行為的「藍天法案」（*blue-sky laws*）[4]。這裡我簡要介紹一下英國在

4　美國公司在發行股票時，除了要符合證券交易委員會所制定的各項法規之外，各州政府亦有制定一系列預防詐欺、保護投資者利益的法規。

保護投機和投資者方面，所採取合理且成功的方法。

根據一九〇八年的「公司（合併）法」（*Companies [Consolidation] Act*），任何證券只要在倫敦薩默塞特府（Somerset House）註冊，即可在倫敦證交所進行交易。而證券註冊要徹底揭露公司的目的、合約、佣金，以及其他種種事項，才算完成。無論該公司創立的目的有多麼大膽冒險，投機者都可以從一開始就對它有足夠的了解。在那之後，舊有普通法的「買方負責」（caveat emptor）條例依然適用──請買方慎重小心。一般認為，當買方在薩默塞特府花費一先令就能查明公司資產來源、現狀等所有資料，他就可以（也應該）保護自身利益了。

毫無疑問，會有種種無知的反對意見，反對聯邦政府採用這種介入、通過立法的手段去限制欺詐行為、保護大眾。但我深信這項工作會執行良好，當然也應該以一種完全不偏不倚的精神執行。紐約證交所竭盡所能保護其會員與顧客；至於「紐約場外市場協會」（New York Curb Market Association）只是個未上市證券的部門，我沒有理由相信它的管理階層是無能和沒有誠信的，對於他們的成員我也不予置喙。但是，該機構遲早會證明它是一個危險與醜聞的源頭──如果它的會員認為，對外公布所有交易

內容會讓自己遭受損失，那麼它們就和紐約證交所的無知會員們犯了同樣的錯誤，後者拒絕強制若干工業公司遵守上市規定，不願意把它們排除在上市公司之外。

▶ 由內部而起的真正改革

只不過，我也不贊同有發起某種改革運動的意圖，或有心大張旗鼓地進行各種「無知的改革」，那種改革近幾年來已成為代價高昂的「實驗」。根據我的經驗，證交所的標準已有穩定改善，對投資人與小型投機者（他們是萌芽中、未來的投資人）始終有利。

在道氏所處的年代，交易活動是按照「慣例」進行的，這種做法如今已不被接受。在未來的牛市中，若想達到詹姆斯・基恩分銷聯合銅業公司股票時的操縱規模，那是不切實際的，因為如今證交所要求此類公司公開帳戶資訊，就算是最魯莽的私人投機者，都不可能說服他們相信：壟斷銅業的前景會使它的價值達到票面價值的四倍。

即使在那個年代，「沖洗買賣」（wash sales，又稱虛假交易）在很大程度上也只是大眾想像中的虛構現象，「相互委託」（matched orders）的性質若啟人疑竇，也會被聲

譽良好的證券經紀公司拒絕。證交所不容許虛假交易的規定，在精神上與口頭上都必須要遵守。但是在四十年前，初生的美國工業巨擘們才剛意識到自己的力量，無論當時交易規定的內容是什麼，那都不會是一紙空文。

第九章

晴雨表中的「水分」

"WATER" IN THE BAROMETER

　　我盡最大的努力將上述這些討論化繁為簡，並去蕪存菁。在這個系列的文章連續見報時，引發了許多批評與評論，有些意見有用又有啟發性，但是舊有的成見與偏見依然存在。有一名評論家，或許只讀過我其中的兩篇文章，以他對這個主題僅有的貧乏知識說道：「如果我們不能信任那些在證交所中交易的股票，那麼我們又怎麼能相信你的晴雨表呢？你完全沒有提及「資本過剩」（overcapitalization）[1]的問題。而其中又有多少水分呢？」

1　即過度資本化，意指企業處於資本占用超出實際需要的狀態。

▶ 掺了水分的勞動力

「水分」是不受歡迎的，在現今的美國尤其如此。美國的金融中心在考慮全國商業前景時，關心「掺水的勞動力」遠勝過「掺水的資本」。

要將勞動力的水分擠出來——例如那些實際價值只有五十萬美元、卻耗費一百萬美元建造的工廠或住宅——只有一個方法，那就是破產。早在第一次世界大戰爆發之前、開始出現高薪資與「怠工」的期間，在紐約興建的公寓住宅，因為營建工程的勞動力含有「水分」，極少沒有經歷金融重整的階段，當時租金還沒有開始上漲。至於股票市場在處理股票中的水分時，有一種迅速見效的簡單方法，股市的存在就是為了擠出這些水分，而這個過程不會牽涉到破產管理程序。

「水分」這名詞令人產生疑問。你或許會說某間工業公司發行證券籌資，是有「水分」的，因為你看不出它有成為偉大創造性公司的潛在價值。但是已故的JP摩根或許會以其過人的知識，公正地指稱那樣的籌資活動，是聰明地預測到未來的成長。

以下我將以最引人注目的美國鋼鐵公司的籌資為例，

說明無論籌資活動的性質是什麼，**股票市場永遠會把價格調整到與價值相符的程度，從而迅速蒸發掉其中的水分。**

▶ 擠出水分

簡潔扼要地說，本書的目的是在研究股市晴雨表，也確認了股市已知且有秩序的走勢——長期的主要*趨勢*，次級回檔或反彈，每日波動；為此我們組成了兩組類股——二十檔活躍的工業股，以及二十檔活躍的鐵路股。這些股票各自的價格調整，必定都是以其價值作為主要依據。證交所其實是一個開放市場，這種市場的業務就是將互相矛盾的判斷，調整為以「價格」表現的共同基礎。

詹姆斯・基恩在二十年前藉由操縱行為，將聯合銅業的價格推升到130美元，原先以票面價值出售股票卻沒有成功的那群金融家們，顯然以為其價值只有一百美元。股市的調整不會在一天完成。但是事後回想，只是經過一段短暫的時間，聯合銅業公司就從在大牛市創下的最高點，跌掉了100點。

這就是股市的日常——股市必須兼顧基本價值和前景展望。在主要熊市的重要跌勢尾聲，股價會跌破價值線。

此時清算的動機將非常強烈，大家不得不以低於正常價值的價位將持股變現；事實上是低於帳面價值——公司資產的價值，也就是不問生產能力和商譽的價值。

標準股的價格還會受到場外市場買賣的「低價股」（cats and dogs）價格拖累，有這種性質的低價股，許多會被銀行拒絕當成貸款的抵押擔保品。當銀行被迫要收回以證交所證券作為抵押的貸款時，那些價值經得起考驗、資產管理出色且聲譽良好的股票，將首當其衝，因為它們是銀行貸款的抵押品。由於場外交易的股票種類總是在不斷地在更新，具有極高的投機性，但是這裡的交易始終是有限的，事實上，由於場外交易需要較高的保證金，也確實提供了一種保障。

▶ 股票收益與所得稅

與此相反的是，股票價格在牛市的初期會嚴重低於它真正的價值，預期全國商業整體改善的心理肯定會是一種助力，這在股市已經預見並加以反映了。在長期上升漲勢中，價值將漸漸被股價趕上，而在接近漲勢尾聲時，消息閉塞的大眾無法分辨哪些標的在走勢開端時是便宜股票，

而是只看公司前景買進。經驗豐富的華爾街交易商表示，當電梯操作員和擦鞋童都開始向你索要牛市小費的時候，你就應該賣掉股票去釣魚了。

一九一九年十月初，我搭船前往歐洲，報導英國與德國的金融情勢，當時市場正值一波長期牛市的最後漲勢階段。當時為牛市護航的論點非常可笑，該論點認為手握大筆獲利的人不會、也不可能將持股賣出，因為如果把那些紙上利益轉換成現金的話，那一年的個人所得將大為提高，這意味著被收稅官徵走的獲利將高得驚人。我們在茅利塔尼亞號客輪的交誼廳分析這個謬論，至少船上一些商人決定與「山姆大叔」分享所得。

這個論點本身荒謬可笑，因為它描繪的是構想中最脆弱的那種多頭帳戶，就有如醒目耀眼的靶子，即便是最拙劣的射手也能將之打得千瘡百孔。

由於嚴峻的海象鑿穿了茅利塔尼亞號的五艘救生艇，導致我們最後三天的航程無法使用無線電裝備。當我們抵達法國瑟堡，得知股市已開始化解多頭行情時人們必須支付超額所得稅的難題了——到了那一年的年底，人們已不需再為此擔心，因為他們帳面上的獲利數字已經快速消失。

▶ 適度分散的持股

　　由市場超買創造的人為價格，沒有辦法可以永久支撐。保護大眾的一個好辦法，就是廣泛分散股票的所有權。當華爾街的一群人實際擁有一項資產的所有股份（例如斯圖茲汽車公司）的時候，這群人就可以任意定出股票的市場價格。只不過，那不是「市場」價格，因為並沒有真正的市場。林肯（Abraham Lincoln）很久以前就已指出，「你不能將狗的尾巴改名，然後就說狗有五條腿。」平均指數中所有股票的所有權都廣泛且合理地分散。以賓州鐵路公司（平均指數中資本額最高的鐵路股）或美國鋼鐵公司550萬股的普通股為例，平均每位股東的持有部位都不到100股。就大眾而言，這個數字實際上代表著安全性。

▶「估價」與市值

　　本章一開始曾引述一位讀者「其中有多少水分」的問題。我們大概會回答，那又如何呢？因為他無法向我們證明平均指數中含有任何水分，我們還可以進一步告訴他，

他也無法向我們證明：若以價格來看（而不以票面價值論），證交所的所有上市股票哪一檔是含有水分的。以鐵路股來說，任何由國會制定並由「州際商業委員會」（Interstate Commerce Commission）負責實施的估價都無法與正常年度、正常月份中的證券市場價格相提並論——這個價格不會因前景高估而膨脹，或者因被迫清算而緊縮，因其大多是為了保護那些與鐵路或標準工業公司無關、滯銷的證券和倉單。

凡是不受任何操縱行為影響的情報與消息，一絲一毫都已經用在調整股市價格之上。包括再生產價值、不動產價值、經銷權、交通優先權、商譽——其他種種都進入自由市場評估，那是國會指派的估值委員會做不到的。州際商業委員會對鐵路股的估值只是過去的價值（如果有價值的話）。就像房地產的真實估價，如果估價的方法就是常見的、以眼下的價格為準，那麼等到估價發布時就已過時了，甚至在發布的數月前就已過時。但證交所的價格是逐日、逐月、逐年記錄的價值，從牛市到熊市，從耶方斯週期的一個日期到另一個日期；而美國和其他文明國家的銀行家都接受那個估值，並對此投入真金白銀，而未參考州際商業委員會武斷的估價。

▶ 股票掺水的迷信

　　股票掺水的愚蠢迷信深入美國人心的程度令人瞠目結舌。按照每英里的資本量計算，美國鐵路公司的股票和債券（據稱是「掺水代表」），其資本量還不足英國鐵路的五分之一，更不及歐洲任何國家或任何政府，或英國自治殖民地任一家私營鐵路公司。我不憚於在此公開聲明，美國鐵路相對於實際價值，其實是很不划算地「投資不足」。

　　對於工業上市公司股票掺水的指控也同樣荒謬。以目前一九二一年證交所的價格，股市早已將資本化中的水分榨出，甚至還榨出了血。在本文寫作之際，美國鋼鐵公司普通股的售價1股不到80美元，但是針對工業公司的嚴密分析，得出全世界此類公司最詳盡的數字，估算普通股的帳面價值是1股261美元。在該公司二十年的歷史中，已投入十億美元以上的資金建設新資產，資本中幾乎掺入水分，因此由利潤轉入的新投資，在其資產帳戶中僅占二・七五億美元。這些以現金為多數的流動資產，就超過六億美元，相當於1股約120美元。何來的水分呢？五・五億美元的普通股股本看似很大，但只是相對大而已。如果JP摩根稱這是聰明地預測到成長，難道說得不對嗎？如

果他的魂魄能重返人世，定會對自己恰如其分的見解感到驚嘆。

然而，美國鋼鐵公司普通股與優先股的銷售，是在大牛市中的重大波動中進行，主要是由已故的詹姆斯·基恩指揮、在市場發動空前巨大的操縱行為完成的。而操縱行為的結果如何呢？普通股以50美元銷售，優先股以票面價值銷售——如果以那些價格買進股票的人，在買進之後擱置不管，即使在歷時一次異常漫長的熊市走勢之後，於一九二一年八月價格觸及低點，他也不會感到後悔。

▶ 根據價值買進

大概有人會指控我寫了看多美國鋼鐵公司普通股的論點，因為我將上述這個簡單的例子公諸於眾——這同樣又是對華爾街的積年偏見。我列出的事實是所有人都能查到的紀錄，至少一九二一年賣出美國鋼鐵公司普通股的一些人，對此必定瞭若指掌。但他們賣出股票是因為缺錢，當時大部分的人都缺錢。

滑鐵盧戰役結果明朗前的一個星期，羅斯柴爾德（Rothschild）以五十四英鎊的價格買進英國統一公債，一

個友人問他，前景如此不明朗，怎麼如此有信心買進呢？他表示：「如果前景明確了，英國統一公債的價格就不會是五十四英鎊了。」他知道就是因為前景不明朗，公債必定會以低於價值的價格賣出。當時人人都缺錢，而他是少數有錢的人。

我猜想，沒有人知道羅素・賽吉（Russell Sage）[2]是怎麼發跡的，但在經濟恐慌期間，他能找到的現金比華爾街的任何人都還要多。他信奉的是能迅速流通的流動資產、隨時可以兌現的短期票據、活期貸款與存款——所有可以轉換成現金的東西。其目的不是為了囤積，而是為了在人家忽略資產價值而出售時，他可以大量買進。

▶ 羅素・賽吉的故事

有關羅素・賽吉以及他「簡樸至極」的故事不勝枚舉。我不會用那樣的形容詞；我也不會說他吝嗇，因為他絕非吝嗇鬼。記得最後一次跟他見面時，我還是個年輕記者，或者說，至少年紀尚輕的記者。我想發掘一家鐵路公司的

2　美國金融家，以對鐵路股的投資遠見而聞名。

消息，那家鐵路公司是由他和另一位名聲傳遍全國的金融家主導。「說謊」是華爾街很少使用（或需要）的字眼，比較適當的說法是，那位金融家曾向我透露了一些訊息，盤算著萬一我沒有格外警覺，就能讓我著了他的道。因此，我心裡想著不如看看賽吉先生「不精確的用語」，是否有別於他的同伴，且足以讓我從兩種不實之言的矛盾之處，推論出具有重大意義的訊息；於是我去見了始終樂於接觸新聞記者的賽吉先生。

　　賽吉非常親切地接待我，就像接待所有不是為了金錢上門的人。我提出我的疑問，他卻迅速改變了話題。他說：「你了解吊褲帶嗎？」我十分火大，但克制地回答說，我對吊褲帶的了解並沒有比其他穿吊帶的人多。「那麼你對這個有什麼想法？」羅素大叔說著遞給我一副吊帶，其品質肯定不如記者所穿戴的，但是記者（或者說那時候的記者）肯定沒有條件在這樣一件服飾用品上過分奢侈。

　　「這個怎麼樣了？」我問。「這個嘛，你有什麼看法呢？」賽吉說；「我買這個花了三十五美分。」或許是沒能得到半點我要打探的消息，我有一點懷恨在心。於是我說：「你被坑了。二十五美分在海斯特街（Hester Streets）就能買到比這條更好的。」賽吉狐疑地看著我。「我不相

信，」他說。但他確實有些困惑不安。問題不在於那十美分的差價，我也不保證海斯特街就是賣那個價錢。問題出在原則問題——他對價值的判斷受到質疑了。

▶ 價值與平均指數

說到這裡，你應該知道羅素・賽吉交易的對象都有其價值。他必須知道那些價值，也是靠著掌握其他人無法再明顯判斷的價值，他才能在過世後留下超過七千萬美元的身家。同樣的，股市晴雨表顯示現在與未來可能的價值。解讀時必須判斷：一次長期走勢究竟是將平均價格帶到線圖以下或以上。

回顧從一九〇二年年底查爾斯・道過世以來，《華爾街日報》刊登的各種以股市為整體商業形勢指南的分析文章，我發現有一個平均指數的典型應用例子，或許值得讀者注意，儘管我認為那只不過是最普通的常識。最令人討厭的人，莫過於老是對你說，他「早就告訴你了」，但這裡的例子並非特指某一個人。

▶ 謹慎但正確的預測

在牛市和熊市的轉換期間（或者一般稱為過渡期），可以對解讀平均指數的意義做出最嚴格的檢驗。從一九〇二年九月逐漸形成的熊市，在隔年的九月觸及低點，要到過了數週甚至數月，才能明確肯定主要走勢改變。但是一九〇三年十二月，《華爾街日報》檢視過去幾年基本健全的商業趨勢後指出：

「考慮到美國在那段期間財富大幅增加，再考慮到鐵路里程數的增加不如盈餘所得的增加比率，最後又考慮到用於股息的盈餘所得增加比率，始終超過市場價格的漲幅，而且目前也顯示占市場價格的比率，是自前一次榮景開始以來的最高，或許應該問的是，股票跌勢是否到達尾聲了？至少有些證據傾向於給這個問題一個肯定的答案。」

▶ 牛市確認

或許有人會說，沒有平均指數的輔助也能得出這樣的

意見，但那是在清楚看到價格走勢的情況下，而且當時主要熊市行情極有可能捲土重來。這個觀點正確預測牛市的到來，這要考慮到這類預報應有的謹慎，而且當時對市場走勢的分析依然處於萌芽階段。

當時預測到的牛市貫穿整個一九〇四年，而且可以說直到一九〇七年一月才結束。但是當上述那篇根據平均指數判斷商業情勢的社論分析，在寫成後的約九個月，《華爾街日報》又解決了一個幾乎同樣困難的問題，即當時發展得如火如荼的牛市是否可望持續下去。別忘了，此時漲勢已經溫和地進行了十二個月，而且力道不斷增加，至少已經反映了部分的價值。到了一九〇四年九月十七日，《華爾街日報》指出：

「目前顯然沒有明顯跡象讓人相信，鐵路股的價值整體上並未保持在高水準，以及隨著時間過去，價格將進一步上漲。具體情況大多要看接下來的冬季，無論如何都將有一個清楚的跡象，指出價值的大致趨勢。長期而言，價值創造價格。我們可以有把握地說，如果現在的價值得以維持，那麼目前的價格還沒有到平均高點。

還必須注意的是，黃金持續增產是一個最強而有力的

推動因素，未來必定會感受到，因為它將推高固定收益資產以外的證券價格。」

▶ 道氏理論的證明

請仔細留意上述報導的最後一段話。我們已經充分了解，為了固定收益而持有的債券，在生活成本上升時會下跌，而「更多黃金」就意味著「美元金幣」（gold dollar）的購買力下降，因為黃金是全世界公認的價值標準。但是黃金會刺激投機，而在撰寫本文時的一九○四年，股市就見識過這種現象，雖然有債券要出售的公司認為，說這些會干擾其業務的話，相當「不近人情」。

當然，這些引文絕對不是自以為是，因為道氏理論才開始為人所理解。我們會看到隨著時間推移，道氏理論將納入更多詳盡明確的陳述，說明市場狀況及其前景。只要記錄下道氏提出完整的解讀方法之後，很快就能證明股市晴雨表的用處，這便已經足夠。

第十章

有一小片雲，
不過如人手那樣大

"A LITTLE CLOUD OUT OF THE SEA,
LIKE A MAN'S HAND"— 1906

我們在進行如本書這類討論的時候，已預料到會有人持反對意見，因此我也必須解釋那些顯而易見的看法差異。而最具有欺騙性的，莫過於極其嚴謹的假設前提。那種理論會產生許多頑強的教條，在時間證明該理論不完善或不充分之後，它似乎還能繼續存在。

我們已經確立所謂的道氏股價走勢理論 —— 主要趨

勢、次級回檔或反彈，以及每日波動——並得以由此發展出解讀股市晴雨表的可行方法。但我們要預防自己太過獨斷，並體認到儘管任何規則都有例外，但任何例外也能驗證規則。

▶ 舊金山大地震

一九〇六年就是以這樣的方式呈現一個有意思的問題。那個問題就是主要牛市行情受阻，或是次級回檔被放大，端看你從哪方面來看。

先前我們說過，主要牛市與熊市同樣都有拉長時間的傾向。如果股市無所不知，就會保護自己不受這種過度膨脹或過度清算之害，就像它能自動保護自己不受可能預見的一切傷害。

但我們必須承認，縱使考慮到已經確認的事實，即股市代表對商業情勢掌握的所有消息、以及影響商業的各種因素之總和，但股市也無法保護自己不受未能預見的傷害——股市無法預見一九〇六年四月十八日的舊金山大地震，或者隨後發生的毀滅性大火。

▶ 姑且稱之為火災

如果你希望受到多少有些咄咄逼人的加州「本地人」喜愛，那就千萬別在他們面前提起「舊金山大地震」。在加州做這種事，會被視為是無禮的行為。他們只承認有「火災」。對我們來說，地震是無庸置疑的。不過，長期宣傳加州的人不允許外人留有一種普遍印象，例如舊金山可能再次發生同樣嚴重的地震。另一方面，火災則可能發生在任何城市、任何地方，無損加州十分引以為傲的氣候等天然優勢。

最迷人的莫過於洛杉磯本地人的天真爛漫，他們會說：「如果我對自己說今天的天氣不錯，那麼今天就是好天氣。」但是地震不一樣。地震使得太平洋沿岸自成一格，而且是完全不符合居民喜好的一類。正如十九世紀初的英國知名大眾情人博・布魯梅爾（Beau Brummell）[1]所言：「衣服上的破洞可能是意外的結果，每一位紳士都可能遇到，但補丁則是蓄意的貧窮。」

---

1 十九世紀英國攝政時期的代表性人物，對於外貌打扮極度講究，是當時男裝時尚引領者。據說布魯梅爾每天都要花五個小時打理自己的衣著。

▶ 災難對股市的影響

舊金山大地震有如晴天霹靂，讓原本已經回檔下跌的股市大出意外。讀者應該還記得勞氏（Lloyds）船舶保險保單中的條款，將「不可抗力之天災與戰爭」排除在外。地震這種大自然的反常就屬於這種例外情況，這對解釋股市晴雨表紀錄中的特殊年分大有幫助。

從一九〇三年九月起無疑是一波牛市行情，股市在一九〇六年一月到達高點。行情並未毫無衰退、一直守著高點；一般來說，在重大牛市走勢的頂部附近，通常不會出現顯著的分散警戒線，特別是在牛市行情已經過熱時，例如一九一九年的情況。

一九〇六年春季時的市場正在下跌，但是還不能貿然表明牛市行情「不會」捲土重來，或者大地震發生時曾有大量超買的情況。我們必定還記得當時的損失有多麼慘重。震災造成大量房屋倒塌或搖搖欲墜，並在大片廢墟中引發火災且迅速達到保險公司稱為「大火災」的程度。美國和英國的保險公司對此沒有異議，迅速理賠幫助災民，只是對地震本身有一場激辯。我們或許可以從漢堡保險公司的作為，學學德國的方法——該公司採用相反的策略並

拒絕履行責任。這或許讓我們領悟到一些德國處理戰爭與外交的方法，了解德國對合約精神及運動家精神的觀念。至少在那次災難之後，漢堡的火險公司很少會承作美國的保險業務。

▶ 困境下完善的預測

當股市遇到這樣的重大意外，劇烈的下跌近似恐慌時期的下跌。若加以分析恐慌的主要成分，基本上就是「突如其來的意外」。一九〇六年四月最後幾天的股市，不能說失去控制，但跌勢已夠嚴重。

一九〇六年一月二十二日賣出價還在138.36點的二十檔鐵路股，五月三日時已經跌逾18點；當時採用的十二檔工業股，則從一月十九日的103點回跌至五月三日的86.45點。像這樣的跌勢中似乎存在某種一致性。

經驗顯示，**在恐慌性下跌中會有一波反彈，之後則是以更緩慢的速度下跌，真正測試股市的實力**。事實上，一九〇六年七月六日的《華爾街日報》，就從平均指數的表現預測大盤行情復甦，提醒投資人注意這一點。該篇文章指出：

「在有平均指數紀錄的這些年來，始終不變的經驗是，恐慌性下跌之後接著就是40％到60％的猛烈反彈，接著是不規則的下跌，最終把價格帶到前次低點左右。

股市似乎需要用這種方法，剔除那些在恐慌時期拮据的弱勢持股人。我們不能說舊金山大災難造成的下跌屬於一次真正的恐慌，而且鐵路股的平均指數在反彈中回到131.05點，僅比地震發生之前的水準低了1.61點。

然而，這次反彈相當於自一月二十二日起60％左右的跌幅，而這段時期的市場走向，與恐慌性反彈中觀察到的走勢出奇相似。我們似乎可以合理的推論，市場必定會有與恐慌之後相同的了結變現行為。」

▶ 災難的嚴重程度

經過漫長的時間之後，我們或許已經忘記舊金山大災難的嚴重程度。它的直接損失估計達到六億美元。安泰火災保險公司（Aetna Fire Insurance Company）坦承，那場大火耗盡了該公司四十年的積蓄。如果那是對美國實力最雄厚、也是全世界最有實力的火險公司之一的影響，對其他方面的嚴重影響就可想而知了。

那些膚淺、一知半解的樂觀主義者倒是會說，破損的窗戶可以為玻璃安裝工人和玻璃製造商創造工作。但是你必須為新的窗玻璃買單，而且就像巴斯夏（Bastiat）[2]所說的，要是窗戶還在，花在窗玻璃的錢原本可以用在其他東西上。如果那樣的推論合理，通往繁榮的快速途徑，就是把美國所有的城市都焚毀。

　　我們看到鐵路股受創比工業股嚴重，而且我們應該記住，鐵路股的相對價格與絕對價格都比工業股來得更高。但是在令人心神大亂的驟然大跌中，大家拋售有銷路的資產，以便保護那些找不到市場的資產。

　　當時《華爾街日報》如此說道：「恐慌時期的第一次下跌是出於驚恐，第二次較緩慢的下跌則代表信心受到普遍衝擊。」接下來，它在提到七月二日的股市表現時說道：「當價格線遠低於價值線之後，就會出現一些牛市的徵兆了。」

2　十九世紀法國政治經濟學家，提出知名的「破窗理論」：調皮的小孩打破窗戶，屋主可能會為此心疼，但對於整個社會來說卻是一件好事。因為玻璃工廠、玻璃裝修工都有生意可做了，社會的經濟總量會因此而增加。

▶ 牛市中的跌勢反彈

上述的推論後來被證明是正確無誤的，而且此後出現的觀點，一般都認為從一九〇三年九月開始的牛市，真正結束並轉為熊市的時間並非是在一九〇六年一月，而是同年的十二月。在前述的牛市推論刊登時，股市形成的線圖如同分析師的推測，是籌碼集中線。

這個預測很快就得到證實，《華爾街日報》八月二十一日再次從平均指數的觀點討論市場狀況。文章提到，由於當時的股市非常活躍，那種認為單一利益團體在一個週六的兩小時交易時間，就可以操縱160萬股交易的想法是十分荒謬的。這個來自十五年前的評論，有效確認我們所說「操縱行為相對不重要」的分析。那篇文章接著又說：「我們只能猜測，從一月二十二日到七月二日之間的長期下跌，代表牛市中一波較長的下跌走勢。」

▶ 平均指數的推論一向正確

別忘了，這個正確的結論是當時所推斷出來的，而非在事件過後。我可以毫不費力地回溯證明，自從道氏構思

出這套理論的二十多年來，這些推論有多麼可信。但若認為它可以明確指出主要趨勢的轉折，那就太荒謬了，更別說用來預料意外事件了。但是對每日使用晴雨表的人來說，這些針對「價格走勢」的研究要有用得多：它們對於仍在進展中的主要趨勢，看法始終都是正確的——即使迷惑人的次級走勢讓膚淺的觀察家在牛市中看空，或在熊市中看多。

有一個真實性待考的故事指稱，詹姆斯・基恩曾說他的判斷正確率若有51％，他就心滿意足了。我不相信他說過這種話——他肯定知道這個比率必須要再提高許多，因為51％的正確率無法支付他的營運成本，更別說要維持一個賽馬飼養訓練場了。但是從價格走勢的證據所做出的推論，大部分都是對的，對此，有書面紀錄可茲證明。搜尋過紀錄和自己的良知之後，我找不出有徹底誤解股市晴雨表意義的例子。

根據晴雨表用途進行的研究，一律都能在大眾明白自己的想法之前，就預料到大眾對商業的看法。如果出現任何錯誤，主要是因為市場的次級走勢幾乎不可預測。這其實比解讀主要趨勢難上許多，就像氣象局預測大範圍的天氣，會比預測紐約明天早上是否下雨容易。

▶ 熊市的開端

在接近這次牛市的頂端時,《華爾街日報》發出警告。它在一九〇六年十二月十五日指出,市場已經出現一條「線」,特別是那二十檔活躍的鐵路股,而跌破那條線的可能性,應該視為暗示跌勢即將到來的警訊(編按:即跌破頭部的頸線)。這個預測所要表明的不過是:持續三年的主要牛市趨勢可能會出現一波熊市行情。若要說這是真正的轉折為時尚早。

在一九〇七年的年初,鐵路公司的巨額獲利(從哈里曼〔Harriman〕鐵路公司在一九〇六年所宣布的驚人股利分配政策就可看出),已被高貨幣利率抵銷,而我們很快就會看到,這個情況已經在警告市場及整體商業界,該年稍後將出現嚴重危機;當舊的國家銀行體系準備金差不多被瓜分殆盡,實際上無法以空前的高利率取得活期貸款,於是銀行自一八九三年的經濟恐慌以來,首次借助於票據結算所憑證(clearing-house certificates)。

一九〇七年一月時,積極的專業交易商忙於出脫持股,政治干預開始嚇退投資人,而在那一年結束前,情況等同是「資本大出走」。股市跌勢已經開始,而追蹤探查

需要過多久的時間，才能判定主要熊市趨勢已經取代先前長久的牛市走勢，也頗有意思。一月時的股價下跌一直困擾股市，因為若是其他因素都相同，一月通常是一年之中最樂觀看漲的。那個時間資金便宜，前一年的獲利也會再投入市場中。此外，那個時間點的悲觀言論，在華爾街尤其不受歡迎。就像我屢次證明的，預言厄事的先知在美國的那個地方，是完全不受敬重的。

◉ 繁榮時期與下降的晴雨表

長期的牛市期間發行了異常多的新股，已故的JP摩根也是在這個時候發明了「市場未消化證券」（undigested securities）一詞。美國熱愛中肯的措辭，而「市場未消化證券」正好抓到了重點。工業公司獲利，特別是美國鋼鐵公司的獲利，持續有亮眼成績。鐵路公司的毛利與淨利都有出色的表現。但是平均指數在一月急遽下跌，使得我們的評論員態度非常謹慎，尤其是不願意預測走勢會反彈，更別說假設次級回檔已經確立。

要確認主要趨勢還為時過早。事實上，嚴峻的跌勢令眾人猜測不斷；但歷史紀錄顯示，熊市行情在三月初就已

獲得確認。《華爾街日報》和其他報紙一樣，在報導中提出市場讓人由衷滿意的特點，盡量鼓舞氣餒的投資人。

▶ 空頭言論的影響

只不過，市場會觀察所有的事實，其中一些事實的深遠影響就反映在股票上。這些空頭言論出現在一九〇七年三月十五日，如今讀起來顯得十分怪異：

1. 過度繁榮。
2. 生活成本提高，主要是因為黃金大量生產對物價的影響。
3. 價值配合利率調升而重新調整。
4. 土地的投機吸收了那些原本可用於商業公司的流動資本。
5. 羅斯福及其政府管制企業的政策。
6. 各州反對鐵路公司的氣氛高漲。
7. 社會主義觀點及仇富情緒趨於強烈。
8. 對哈里曼的調查揭露高額融資的不良習氣。
9. 大型金融利益團體之間的爭鬥。

10. 證券超量發行。

11. 舊金山大地震的影響。

　　該篇文章還引述了其他只會短暫影響市場的原因，其中，「空方可能操縱市場」被列在最後。我們已經說過，「任何一次熊市都會被事後揭露出來的事實證明是事出有因的」。但我們也必須指出，某些影響是永久性的，儘管我們承認市場的視角比任何人都更廣、更遠（至少理論上如此），但是從某種程度上說，它也無法預見到這些影響究竟有多麼深遠。正如事實所表明的那樣，光是政府對鐵路公司的過度管制，就給了投資人足夠的理由保護自身利益，雖然這可能會對股市產生重要的影響。

▶ 不正常的貨幣市場

　　事後回顧，一九〇七年對我來說，似乎是我在華爾街所經歷過最有趣的一年，或許也是最有啟發性的一年。那一年充滿了教訓和警告。我真希望這些討論的篇幅可以讓我更詳盡探討它。

　　諾耶斯（Alexander Dana Noyes）的《美國金融四十

年》一書，是有關這一年，最適合研究者的記事報導。諾耶斯當時是《紐約晚郵報》（*New York Evening Post*）的財經編輯。我記得那一年伊始，工業蓬勃發展，鐵路公司的毛利與淨利都創下史上最佳紀錄，股市只從連續三年的漲勢中略微拉回，且價格並未超過其價值，至少從帳面上來看是如此。

但諾耶斯跟我一樣，都注意到貨幣市場的不正常。一年中的那個時間點，貨幣應該要充足便宜，但二月時卻顯得十分緊縋——股市比我們更早預見了這件事的意義，並表現在一九〇七年的重大空頭走勢中。

▶ 不過如人手那樣大

在我寫作時，眼前浮現了一位已故的交易商。即便談的是華爾街的事，但他解說起來生動又活潑。而且他聰明過人。他是有品味的音樂愛好者，也遠比他自謙的更虔誠。

有一天，這位交易商跟我說起，他聽過的孟德爾頌（Mendelssohn）神劇〈以利亞〉（Elijah）的演出——主角由史上最偉大的清唱劇大師、已故的查爾斯·桑特利（Charles Santley）擔任。跌宕起伏的故事打動了我的交易

商朋友。他說巴力神的祭司是「被以利亞操控逼空的熊市」，而且「瘋狂地拼命回補空倉」。用他的話來說，他對以利亞「戲弄」他們走向極端的手段嘆為觀止，這顯示他們的神祇在打盹，或者說不定「還在旅途上」。

他的腦中出現一段話，可用來描述一九〇七年年初的情形：「我看見有一小片雲從海裡上來，不過如人手那樣大。」一九〇七年秋天時跟著就出現「傾盆大雨」。不但商業崩潰的情況驚人，迅速席捲之勢也令人屏息。

在那一年結束時，我和塞謬爾・雷亞（Samuel Rea）先生一起搭乘賓州鐵路旅行，雷亞先生如今是賓州鐵路公司總裁，當時他擔任第一副總裁。賓州鐵路的貨物運輸量，在當時及現在都占美國鐵路總運量的十分之一。雷亞先生表示，有一次他們距離運量高峰僅一個月後，明明還可以仰賴匹茲堡地區的農作物和工業運輸來維持營運，但這些業務卻像是在一夜之間被腰斬。

我們可以想見費城到匹茲堡之間的鐵路系統沿線，調車支線與調車庫裡都是空蕩蕩的車廂，而往年這個時候，除了修車廠中損壞的車廂，所有車輛都會用上。

▶ 政治的死亡之手

自從一八九三年的股市崩盤以來，還不曾見過類似的情況，當時國會創紀錄地展現它對經濟的無知和偏狹愚蠢，「謝爾曼白銀採購法案」（*Sherman Silver Purchase Act*）造成的慘烈結果，造成了有史以來最令人沮喪、影響最深遠的經濟恐慌，對我們的立法官員來說似乎是一大教訓。[3]

緊跟在經濟恐慌之後的是荒年，幾乎所有的鐵路公司都宣告破產、工人失業，終於讓政治人物有所敬畏。在一九〇七年之前的繁榮十年，他們不再對商業胡亂指揮。但就在那一年，他們又故態復萌，重拾那種非常昂貴的消遣，於是在一九〇七年的年底，出現了資本大出走。手上有資產的人各個驚慌害怕。

3　一八九〇年，美國國會通過《謝爾曼白銀法》，新法要求財政部每個月要買進不少於四百五十萬盎司的白銀，這幾乎就是美國的白銀總產量。由於當時在市面上流通的銀幣面值要比白銀的市值高出不少，發生通膨也就在所難免。只不過從一八七九年一月一日起，政府也開始採用金本位制，財政部依法得隨時保持一億美元的黃金儲備，以肆應任何對該金屬的需求。國會通過的白銀政策擴大金錢供應，而黃金政策則保持美元的價值穩定，效果上，國會就必須設法辦到同時保值又抑制通膨。這種精神分裂的貨幣政策，在整個一八八〇年代政府尚能以龐大盈餘而運作時還罩得住，但是等到一八九三年當景氣蕭條來襲時，黃金流出的小溪變成大洪水，令政府的歲入大衰退，國會趕忙廢止該法，但已為時已晚。

稍微了解情況的人，都能預知官僚的政治干預和無知管制，對美國商業可能造成的影響。如果我沒有離題的話，在我看來這大致正是美國目前的問題，不管有沒有戰爭，而且股市在過去兩年，已經預測到愚蠢政治進一步帶來的部分影響。平均指數，以及債券的潛在投資需求已經預示，商業情勢即將有所改善，市場預測部分人將回歸理性，即便國會目前顯示的跡象並不振奮人心。

第十一章

毫髮無傷的週期

THE UNPUNCTURED CYCLE

在此之前，我們已經仔細研究過股市晴雨表紀錄的部分必要細節，因此也應該針對在一九一〇年告終的熊市到第一次世界大戰爆發之間，這段有趣卻少有人理解的時期，做進一步的歷史研究。

我們至今鮮少關注人類活動的「週期理論」，特別是商業活動的週期。我在先前的討論中，列舉了耶方斯記錄的十八與十九世紀經濟恐慌時期，還有道氏對美國十九世紀經濟恐慌的簡要記述。但是最基本的，仍是要確立一個不規則的股市週期，這個週期不一定會涵蓋經濟恐慌時

期，如果有，也只是偶然附帶的，因為經濟恐慌已不只一次證明，那不過是晴雨表主要動態的短暫干擾而已。

▶ 溫和審慎的週期

我們可以看到，透過道氏的股市價格波動理論，已經建立某種不規則的循環──向上或向下的主要趨勢；次級回檔或反彈；以及平均指數紀錄所反映的，股價在證交所的每日波動。但是，節奏較長的週期理論並不會因此消失。我的許多讀者和批評者似乎對此有種執念。他們似乎都不曾以探究到底的精神，分析自己的這種信念。

一般的觀點認為這個理論「有一定的道理」，即使未經過驗證也應該是正確的；世界上的經濟恐慌年分本身就顯示出一種高度的週期性，基於過去的這種週期性，我們預料未來或許還會出現類似的情形。根據歷史紀錄判斷，人類在處理自己的事情時，都是一如既往地愚蠢。

▶ 週期理論的基礎

或許這種不願意分析恐慌理論的心理，是源自於十八

世紀時有十次重大的危機，按照耶方斯的說法，平均每間隔十年就會發生一次危機。我樂於「不採用」耶方斯省略的部分——一七一五年，當時蘇格蘭入侵英格蘭——因為那一年的太陽黑子不夠多，無法證實他將這兩種現象聯繫起來的大膽理論。

此外，我們或許還會注意到，耶方斯將一七九三、一八〇四至〇五年列為危機年，而在我們的紀錄中，十九世紀發生的第一次經濟恐慌，是英國於一八一四年攻占華盛頓城所引起的——這種事件沒有一個週期能預測得到，除非我們假設週期理論能預測戰爭。但是算上一八一四年，以及道氏所稱「近似危機」的一八一九年，美國在十九世紀共發生了十次危機。

我們來看看週期論者（如果這個稱呼正確的話）會如何看待這個主題。從一八〇四至〇五年的英國危機，到我們的一八一四年危機，或許最初是這十年間隔激勵了他們。而真正嚴重且遍及全國的一八三七與一八五七年危機，又給了他們大量的信心。他們回想起耶方斯的十年間隔激勵了他們，而且美國至一八三七年為止，新世紀的前四個十年中記錄有四次危機。一八四七年的歐洲經濟恐慌，對美國並未有太大波及，但歐洲的嚴重程度足以令美

國人留下深刻記憶。當狂熱的週期論者發現一八五七年真的出現經濟恐慌時，他們大喊：「啊哈！我們發現這個祕密了。這是一次二十年的週期，前後各有一個大危機，中間有個小危機。我們現在可以有把握地拿事實對應這個美妙的理論了！」

▶ 不相符的年分

按照上述的理論，一八七七年應該還有一次最高等級的恐慌，造成全國性的影響。但是這個理論機器顯然少了顆輪齒——真正的經濟恐慌出現在一八七三年。由於以美元計價的超額貿易等愚蠢行徑造成毀滅性的影響，早在一八七二年時，恐慌已經一觸即發，只是那一年美國小麥意外大豐收，加上俄羅斯農業幾乎顆粒無收，使得全球農產品市場的價格不俗，於是這便縮短了兩次大危機之間的間隔時間——二十年理論緊縮為十六年。

雖然一八六六年倫敦的歐維倫古內公司[1]破產，時間

1　倫敦第一家私人批發銀行，是一八四〇年代是全球最大的匯票貼現業務機構。由於該行為了擴大營運規模，將短期資金用於鐵路及其他長期投資上，導致它在一八六六年無預警破產，也引發英國金融市場連鎖性的倒閉危機。

正好介於兩次大危機之間，卻也無濟於事。一八六六年的倫敦恐慌伴隨著紐約證交所的股價重挫。同年四月，密西根南方鐵路出現壟斷，投機活動猖獗。坦率但謹慎的道氏指出，此時出現再次下跌「再正常不過了」。

但是一八七三、一八八四，以及一八九三這三次恐慌年，確實讓十年及二十年理論者重燃信心。第一次和最後一次危機的範圍幾乎擴及全世界，影響也同樣深遠。週期理論家表示：「一八五七和一八七三年兩次危機之間，間隔縮減為十六年的小失誤純屬偶然，至少我們只要就支配這些因素的法則稍微多加推論，就可以做出滿意的解釋。」二十年週期論者則預言說：「一八七三年到一八九三年之間有二十年。我們的晴雨表即將成形。大約在一九〇三年將有一次小危機，一九一三年有一次重大危機，或者不會晚於一九一四年。」

▶ 迷失在過渡期

理論最起碼要能成為預言的基礎，否則有什麼用呢？但是從一八九三到一九〇七年，間隔達十四年——是二十年週期縮減為十四年？還是十年週期拉長為十四年？有

沒有一個可靠的週期性？

我們看到週期論者推測的一九○三或一九一三年，毫無發生危機的理由。其實，全世界的投機活動數量，還不足以在那幾年構成危機。

我們可以相當確信屆時不太可能引發崩潰，除非投機活動已經築起高樓，會在傾覆時發出巨大聲響。

這些理論對商業預測有什麼價值呢？我看不出有什麼價值。這套理論必須做出太多讓步和遷就，充其量只有留做紀錄的價值。我們看到根據週期假設做出的籠統結論，必須一再做出改變。那它究竟還剩下多少用處？我絕對不是懷疑論者；但是這整個推算週期的方法在我看來，有如在玩單人紙牌時欺騙自己一樣荒謬。我可以理解任何遊戲皆有其嚴格的規則、武斷的規則、不可理喻的規則。但我無法理解可以一路改變規則的遊戲。

◉ 作用力真的相等嗎？

此外，那個「作用力與反作用力相等」的重大假設又是怎麼一回事呢？確實如此嗎？在有紀錄的人類活動中，我們沒有什麼實質證據可以證明這個假設。當然，信奉該

理論的人可能會反駁，「好吧，雖然它們沒有達到應有的相等。」我看不出為什麼「應該相等」。當然，抱持著人性可臻至完美的基督教信仰，我看不出危機為什麼不可徹底消滅。我們至少很容易看出危機之間的週期似乎愈來愈長。一八九三到一九〇七年之間的間隔是十四年，但一九二〇年這一年並未出現恐慌。

除非我們強加、左右恐慌的意義，直到徹底扭曲，否則很難將一九二〇年的「通縮清算」（deflation liquidation）視為典型的危機。

那一年無法跟一八九三、一八七三、一八五七，或一八三七年造成的損害相提並論。那一年完全沒有恐慌年的特徵。我敢說，我相信五年之後，劇烈的緊縮和通縮將會是對我們最好的結果，因為它將讓我們瞭解到未來可能出現的一切麻煩。

● 商業病理學有其必要

商業活動必定有某種合乎科學的病理學，或者最好稱之為「病態心理學」（morbid psychology）。我曾在前面的章節提到，研究重大商業事務及其影響因素的歷史紀錄嚴

重不足。但我們開始對困擾商業的疾病症狀有了科學知識。在這方面，過去二十五年來的進展，或許比迦太基將泰爾城的紫色織物賣到羅馬[2]以來那些年的進展還多。我們衷心希望發展出一套科學方法，診斷商業疾病的症狀。一八九三年時沒有這種方法，因為當時沒有我們今天所擁有的紀錄。

　　但是我們為什麼必須假設，每十年或二十年或其他任何週期，那些最聰明的人類會失去理智、忘記過去所有的教訓呢？關於恐慌，有一件事是可以肯定的：如果恐慌能被預測出來，那麼它根本就不會發生。我們不就正在努力積累知識並做出精確分析，以充分安全的方式預測所有的風險，除了不可抗力的風險——「天災及戰爭」嗎？

▶ 聯邦準備體系保護措施

　　我看得出聯邦準備銀行體系中有太多政治因素，還有許多缺陷。但是在那個體系下，很難想像還會出現狀況，

2　迦太基在歷史上最著名的事件，莫過於西元前三世紀至前二世紀與古羅馬的戰爭，過程中迦太基的勢力一度深入義大利半島，重創羅馬的軍事能力。

迫使美國像一九〇七與一八九三年一樣，再次求助票據結算所憑證。設計完美的銀行體系，實在超出人類的智慧；而一個人看來覺得完美的，在另一個人看來可能完全不足。但是從舊有的國家銀行體系進展到聯邦準備體系，代表美國商業行為前所未有的巨大進步。難道聯邦準備體系本身，不是週期論者需要考慮的全新因素嗎？

我們片刻也不能理所當然地認為，這樣就可以排除未來發生危機的可能性了。正好相反，危機肯定會來。但是我們難道不能期望，有了更充分的知識之後，我們至少可以預料到部分危機，同時從根本上減輕最嚴重的危害嗎？

▶ 華爾街的師父

如果這些研究讓那些有興趣探究華爾街（即使不是有興趣在華爾街賺錢）的人知道，在華爾街和其他地方一樣，知識都會給予他們保護，教育的目的就大致達到了。這個系列文章期望的教育效用之一，肯定就是讓筆者自己看看，有多少關於股市行情變化的問題，是以前從未被我有效歸納出來的。若想理解這個論點的本質，必須要用務實的方法──日復一日地浸淫其中。

從道氏理論的角度來看，股市問題基本上很簡單，可以用十分有利用價值的方式說明，只要師父不是怪人、冒牌貨、賭徒或騙子。哈佛大學推出一項有大量需求的服務，將絕無可疑的總體商業情勢繪製成表格和索引圖。編纂者並未將之和危險的假設條件緊密聯繫——他們沒有將一條假設的國家財富「中線」，拘泥為無論時機好壞、都以同樣的速度持續向上的趨勢，因為這在面對戰爭的殘酷現實時就會失去必然性，而且會急遽地改變方向。

▶ 物理學定律適用股市嗎？

　　哈佛大學的這類體系，並未提及「人類活動的作用力與反作用力相等」此一論點。這是聽起來合理的說法，但除了已經引用的例證之外，還需要無數證據說服我們，將物理學定律套用在像人性如此飄忽不穩定的事物。在股票平均指數證明的諸多事項中，有一個明顯突出。那就是**以價格走勢而言，作用力與反作用力並不相等。**

　　我們沒有例子可以顯示，牛市的漲幅正好被熊市的相應跌幅抵銷。如果這一點明顯為真，任何重大趨勢的價格波動幅度果真不相等，那麼所需要的時間就更是如此。我

們看過牛市持續的時間向來明顯較熊市長。這其中並沒有一個自動平衡的等式。我不相信有哪個地方的人類活動會有這樣的等式。歷史上肯定沒有這樣的記載。我不得不另尋他法，進行各種數字編纂列表，也不會自詡能針對這些數據表格進行適度刪減。但是在我為工作準備的所有數據研究中，並未發現作用力與反作用力的平衡。

▶ 不可預料的幅度與時間

　　股市晴雨表肯定不會出現這方面的跡象。股市走勢一點也不像鐘擺的規律性，無論是擺動的弧度或速度——我們看到市場在熊市期間下跌40點，又在超過兩倍時間的牛市中上漲50點，接著熊市下跌將近60點，隨後牛市收復45點，然後熊市下跌不到30點，一次重要上升行情回漲20多點，在接下來的牛市中，工業類股上漲將近60點，鐵路類股同期的漲幅卻不到30點，各自後續的走勢時間各不相同。

　　這些數字大致就是二十五年間的紀錄。顯然這樣的走勢有個大略的週期性。但如果我們要將它們牽強地套用成可用數學計算、定期重複的「週期」，那麼下一次主要趨

勢，無論漲跌都會讓我們捉摸不定，只剩下空洞的理論和空虛的錢包，什麼也留不住。

▶ 故弄玄虛的師父

我不想太教條，但盡量把本質上是科學探討的主題處理得有趣受歡迎，如果冗長說教也能受人歡迎的話。所有教學的麻煩之一、以及每個教師的道德風險，就是賦予指導者的必要權威，導致他將自己的行業包裝得帶有神祕色彩。他在無意識中渴望排除難堪的競爭關係，促使他誇大完整學習這一門學問時遭遇的困難。就像人類活動所顯示的，這會在短時間內形成一種狂熱崇拜，將一個原本簡單的論點加以放大並複雜化。

每一種宗教都會培養自己的神職人員，而神職教務的傳承又比救世更加重要，或者至少受到更加謹慎的維護。包括英國的習慣法與教會法，有時候都將手工藝視為神祕事物。來到府上的水管工人希望你相信，他的精心準備工作與製造出來的髒亂，在在證明他完成的工作有難度——那種難度是你身為外行人完全無法衡量的——也是他索取高額費用的充分藉口。

▶ 情報販子與消息靈通人士

我認識一些討喜的人，他們和股票情報機構有關。他們提供的服務有其市場，而且他們對人性必然有絕佳的判斷。他們對股市的看法從來不悲觀。他們在牛市通常成功富足，我猜豐收年的積蓄支撐他們度過收入差的年分。他們對不講科學方法的投機者說的是對方想知道的，卻不是對方需要知道的。有時候猜測的結果很好，而且一定都會暗示解讀股市走勢有奧祕。如果他們針對大盤提出的指導正確，對個股提出的訊息就更準確了。有他們在，「內部消息靈通人士」永遠在買進。我認識許多內部消息靈通人士，根據我的經驗，對於每個小投機者來說，他們錯誤的機率遠大於正確的機率。

事實上，這些所謂的「內部消息靈通人士」，是實際經營企業業務的人，他們忙到沒有時間關心股價走勢。他們太受限制、太過局限在自己的行業，無法準確判斷市場的轉折。他們通常看好自己的資產，相信這些資產極有可能愈來愈重要。但是商業的變動起伏會影響他們的股票，加上還有同類股的其他業者、或同市場的其他鐵路股與工業股，他們的看法格外狹隘。所以說「充分的內部情報可

能毀滅華爾街的任何人」，這並非只是憤世嫉俗的說法，而是事實。

這個說法不僅正確，而且一針見血。大企業的高階主管當然應該對自己領域以外的情勢，有大致而完整的認識。他們應該受良好的訓練。他們在閱讀本書時或許會有優勢，即使只是教他們採取更客觀的觀點。但即使有了通識教育的基礎，例如優秀大學對日後有意專攻法律或外科醫學者的要求，他們的職業還是會過度影響他們對輕重緩急的判斷。

▶ 值得信賴的指南

這正是股市晴雨表之所以可貴的原因。股市晴雨表不談什麼週期或體系，也不看那些有充分理論基礎的有趣推論或流行時尚。而是利用一切有用的因素，加上其他所有能蒐集到的資訊。市場走勢反映所有真正可得的知識，而每天的交易更是在去蕪存菁。倘若最後出現的結果不佳，市場以價格下跌反映對價值的判斷；如果篩選過後的結果良好，早在最勤奮、消息最靈通的整體商業情勢研究者上修剩餘額，並計入統計圖表之前，價格早已上揚。

我們很少人能成為克卜勒或牛頓那樣的科學家，但我們還是可以構想出運作法則，幫助並保護那些每天都必須對未來進行預測的人。這就是股市晴雨表的作用。它不會做錯誤的主張，但承認有高度人性和明顯的局限。儘管如此，我們可以誠實地斷言，它有一種預測特質，是迄今設計出的其他商業紀錄都未能企及的。

第十二章

預測牛市

FORECASTING A BULL MARKET——1908-1909

　　如果要證明道氏的股價走勢理論正確有效、繼續股市
晴雨表的預言價值此一重要主題，或許這裡就要提到《華
爾街日報》在一九〇七至〇八年間，不定期刊登的股市平
均指數分析。那些資料是有案可查的，加上個人因素，因
此烙印在我的記憶之中。

　　在一九〇七年年底時，已故的塞雷諾・普拉特
（Sereno S. Pratt）辭去《華爾街日報》社論主筆職務，轉
任地位尊貴且較輕鬆的紐約商會（New York Chamber of
Commerce）祕書一職；普拉特的經濟知識淵博，人品高

尚，更是能力傑出的報業人士。

▶ 不帶個人觀點的社論

　　除了並未署名之外，報紙社論的個人特質遠比大眾想像或政治人物以為的少。當然，編輯個人要為社論負責，不但是對報紙的經營者負責，更有民法與刑法責任。必要的時候，社論得由報社「採訪報導」特定主題的專家查核，而他們修改的內容同樣也要由編輯校訂。正派經營的報紙在刊出社論之前，都會有好幾位能力出眾的人審訂。

　　我在一九〇八年初接替普拉特，但即使這件事不算機密，但我不可能說社論上的平均指數討論，有多大程度是個人想法，只是編輯的思維會在無意識中影響合作人員。無論如何，我和普拉特在解讀平均指數的方法上意見一致，而這也是從報紙創辦人查爾斯・道傳承而來的。

▶ 察覺熊市行情的尾聲

　　我們應該記得前一章曾提到，一九〇七年有一波短暫但嚴重的重大熊市行情，延續了一整年，直到該年十一月

二十一日真正結束。而在十一月的最後一週，工業類股強勢反彈，就像熊市中的一波次級反彈走勢；此刻，股市晴雨表面臨著一個最困難的問題——判定市場出現轉折。《華爾街日報》在十二月五日指出：

「自從十一月二十一日，二十檔鐵路股平均價格觸及 81.41 點的最低點以來，到昨日的強勁上漲，創下 89.11 點的收盤記錄，共上漲 7.70 點。在這十天期間，只有兩天下跌。整體來看，這是非常可觀的漲幅，或許速度也太快，只不過從價格來看，似乎大致考慮到了未來交易量會有合理的緊縮。」

十二月二十三日，《華爾街日報》在評論當週股市整體發展時，附帶提到了平均指數。該篇評論的作者似乎已感受到變化，但還無法斷言，若要做出預測則太草率，他指出：

「我們會發現，鐵路股的平均價格一直是相當典型的走勢。從七月二十日到十一月二十一日，下跌了 26 點。接下來的兩週反彈了 9 點，緊接著的十天又回落 4 點，過

去一週則上漲了 2 點。這其實是幅度縮短的鐘擺運動，正在趨近平衡。」

▶ 會自我校準的晴雨表

在我們進一步討論之前，有必要談談「次級走勢」，而前一段文字正好給了一個簡單具體的例子，足夠目前的討論之用。我們會觀察到，**從熊市低點反彈的漲勢之後出現的回檔，會在觸及舊低點之前止步**，為了紀錄起見，或許會說當時平均指數採用的十二檔工業股，其走勢大致相同也相互印證。

如果文章的目的是闡述次級走勢的意義與作用，前述引文的最後一句，大概是最有啟發性的。可以說，晴雨表傾向於那樣自我調整。在熊市行情轉向時，各種消息交雜混亂，種種意見眾說紛紜，但是會漸漸變得井然有序。由此可見，投機客與投資人往往會預判市場動態，而且經常會看得太遠。

▶ 預言太快成真

　　若要列出因為「預言太快成真」而在華爾街賠錢的例子，可說不勝枚舉。我想到一個很有啟發性的例子，可追溯到麥金萊於一九〇〇年競選連任之前、那年夏天開始的牛市。

　　當時場內最受人矚目的交易商之一，是一家積極從事套利的公司合夥人，如今那家公司早已消失無蹤。為了方便外行人了解，套利公司（arbitrage house）可以解釋為透過電報交流、與倫敦市場進行業務的公司，由於紐約的上午相當於倫敦的下午，而兩地交易所的價格會由於日常波動出現差異，因此套利公司可以利用這種差異獲得利潤。但是在那個不景氣的夏天，套利公司或其他公司都生意冷清。有據可查的交易總額，在鼎盛時期一天超過300萬股，當時卻縮減到明顯不足10萬股。

　　不過，路易斯・沃姆瑟（Louis Wormser）在這樣的情況下，卻仍是交易場內的活躍交易商。他一整個夏天都在做多。其他交易商抱怨他在破壞暫時還算活躍的少數股票市場。持平來說，他完全沒有逾越場內交易商與證交所成員的權利。市場直到總統大選的最後幾週，才開始恢復

活力與交易量。

　　沃姆瑟當時站對邊，並跟著市場走高。我懷疑他甚至猜想是自己在引領趨勢。選後三天的股票走勢非常強勁。甚至強勁到他深信：多頭走勢已經充分反映麥金萊連任的選舉結果。於是他轉而做空，結果大概只有幾天的時間，就賠光了他在先前五個月做多賺到的錢。我們已經說明過，那次的牛市一直到一九〇二年九月才告終，只是曾被嚴重的北太平洋鐵路壟斷與恐慌事件打斷。

　　這是極好的例子，說明市場能綜觀全局，投機者卻只看到諸多因素之一，又不願意信任晴雨表。或許沃姆瑟在市場受到限制時的出色表現（在量縮的市場中佔有較大份額），有如小水坑裡的大青蛙，根本不出色，卻讓他以為憑著一己之力就能造就市場，就像他在漲勢之前的低迷市況中曾有的表現。

▶ 勇氣十足的預測

　　回到一九〇八到一九〇九年的牛市，這次《華爾街日報》顯然早在一九〇七年十二月二十五日就預料到了，當時報上寫道，「我們多半已經看到今年的最低價。」一九

〇八年一月十日，當時美國對一九〇七年的事態發展餘悸猶存、票據結算所憑證猶歷歷在目，《華爾街日報》光憑晴雨表就明白判斷，股市將出現顯著漲勢。

說到這次走勢的開端，《華爾街日報》表示：「讓人覺得這是一次劇烈波動，始於極低點，經過或長或短的一段時間後，趨勢有徹底的轉折。」這樣的預測似乎勇氣十足且相當清楚，也正是保守類型商人從股市晴雨表的通盤考慮中，進而產生的期待之一。別忘了，道氏理論並非為了打敗投機競賽而設計的體系，也不是玩弄市場萬無一失的方法。解讀平均指數必須專心致志。如果太過一廂情願，結果就靠不住了。我們都聽說過，「新手亂動魔術師的魔杖，容易引來魔鬼」。

◉ 回顧股市崩盤

在沒有人認可的牛市開端，預言絕非易事，更別說做出有把握的預測。在這系列文章稍早的章節中，特別強調過一九〇七年的商業崩盤來得猝不及防。《華爾街日報》在一九〇八年一月二十四日的社論中，回顧當時的情況及其驚人的變化：

「例如，美國商業的鐘擺從極度繁榮擺向嚴重蕭條，速度極快。幾乎一夜之間，情勢就從一個極端轉變成另一個極端。即使在經濟恐慌勢如破竹地橫掃華爾街後，一家鐵路龍頭公司的高階主管還曾議論道，他們公司路線的運輸量在前一天觸及最高點。三週後，同一位主管卻回報說，該路線的業務量驟然大減。這類故事多不勝數。」

「華爾街爆發經濟恐慌僅三個月，但那段時間美國經濟情勢足以產生等同革命的狀況。三個月前，還沒有足夠的車廂運載貨物。如今卻有幾萬個空空如也的貨運車廂，停靠在岔線和總站。三個月前，鋼鐵交易正值顛峰。只不過五、六個星期，需求就已中斷，軋鋼廠關閉。如果畫個圖表描繪過去十週的鋼鐵生產減產，幾乎就是一條垂直線，萎縮得如此突然且激烈。」

▶ 牛市態勢可辨

上述的摘錄文字，我們可以再用當年冬季與一九〇八年春季期間、由股市晴雨表得出一致看漲的推論來做補充與對比，那段時間的美國經濟，顯然陷入最嚴重不景氣的

階段。景氣蕭條已經確認；但股市的表現並非基於眼下的事件，而是股市所能預見的所有事實，這一點絕對不容混淆模糊。

我們可以看到《華爾街日報》在前述的段落中列舉那些已知的事實。一張廣為人知的圖表顯示，當時正是蕭條最低點，而且一直到十一月都未與中線交叉，展開接下來的擴張。但股市整整十二個月前就預料到那樣的事實，準確可靠的晴雨表在一切仍蒙昧模糊時，就預測到復甦跡象。

▶ 摒棄「輕浮的」復甦

回顧當年的那些任務，我衷心感激在面對令人不敢置信的惡毒評論時，有道氏完善可靠的理論支持。在煽動群眾的政客心中，當他自己犯錯而華爾街正確，那是絕對不可原諒的。當時的美國充斥著各種躁動不安，要求約束、控制、管埋，以及全面扒壓商業活動，不滿情緒瀰漫。那年冬天失業問題嚴重。當時我們收到一些讀者的來信，都是用口無遮攔的措辭譴責我們看多股市的樂觀態度，如今看來或許覺得好笑（只是當時卻笑不出來）。我們彷彿是

鄉村市集中的「黑奴」，從板子的洞中伸出頭來充當靶子，只要人們願意付點錢就能朝靶子打一槍。最輕微的指責是說，華爾街在「羅馬焚城時還在拉小提琴」。一般的指控則是說，一群賭客正在進行犯罪操縱。

如果回去查看先前討論中刊出的二十五年圖表（請見第 73 頁），就會發現當時的成交紀錄是一九〇四年以來最低的，顯示市場十分狹隘，就算有可能進行操縱，也是白費力氣。但是在熊市期間、以及重大跌勢與後續上揚走勢之間的過渡期，向來都會出現那樣的指控。如果我沒有提出那麼多論據證明，操縱是多麼無足輕重的因素，成交量本身也足以證明我的觀點。但是那些頑固的抗議者卻不這樣想，接下來的好幾個月仍繼續用謾罵塞滿我的廢紙簍。至少有一段時間，「牛市觀點」是絕對不受歡迎的。

▶ 成交量的意義

值得在這裡提及的是，牛市期間的成交量向來大於熊市期間。成交量會隨著股價上漲而擴大，隨股價下跌而萎縮。略加思索就能發現原因。當市場處於長期蕭條，許多人在現實中與帳面上都賠錢，用於投機或投機性投資的資

金也相對收縮。不過，在市場走高時，許多人在現實中與帳面上都賺錢，而幾乎舉世皆然的經驗顯示，在牛市的最後階段，他們交易的股票會超出自己的真實財力。這在主要牛市走勢始終成立，但是在次級走勢中會大為減輕。

牛市中的一次劇烈下跌，通常會刺激交易的業務量。在此舉一個這種驚人下跌的生動例子。一九〇一年五月的平均月成交量，迄今都難以企及。當時一天的交易量超過180萬股，包括交易時間只有兩個小時的週六，而且就是在五月九日那一天，發生了北太平洋鐵路恐慌。之後的討論會有機會討論這次的次級波動，目前我們還沒有必要詳述這個主題。

▶ 不偏不倚的心態

不是我要囉嗦討人厭，而是要駁斥事後證據中那些「早就告訴過你」的指控，提出股市晴雨表的實際用途有其必要。

事實上，這些預言沒有什麼好拿來誇耀的。任何一個智力正常的平均指數研究者，只要真正以不偏不倚的態度面對這個工作，一旦領會股市晴雨表的原理，就能自己得

出這樣的推論。但若摻雜了股市利益，肯定會削弱他的判斷。當你看漲買進或看跌賣出時，預測出你盼望什麼以及預期什麼，這是人之常情。但是，研究股價走勢並為投資人撰寫指南的分析師，就必須絕對無私公正。如果不公正，會有各式各樣的陷阱等著他，尤其是他以前做過的推論，沒有明確的前提可資證明的話。「固執己見」毀掉的股市投機者，比其他所有因素加起來還要多。

▶ 一次不成功的猜測

在一個平均指數還沒有被另一個平均指數印證之前，接受它的暗示是最容易犯錯的。一九二一年五月十日，紐約《美國人報》（*American*）在財經版大膽提出預言。為了加強預言的說服力，預測者還刊登了一張複製的道瓊指數圖表。由於刊登圖表和附帶的數字並沒有取得我們的同意，一些認為不義之財不會長久的利他主義者，會樂於聽到赫斯特（Hearst）[1]旗下《美國人報》的文章作者，竟然

---

[1] 威廉·赫斯特（William Randolph Hearst），美國報業大亨，亦是當代新聞史上飽受爭議的人物，於全美擁有二十六家報社、多家全國性雜誌和廣播電台。

連自己挪用的資料有什麼意義都不懂。

　　預測者宣稱工業類股將出現多頭走勢，甚至給出了走勢上限，這是晴雨表至今都達不到的預言精準度；至於鐵路類股，以預測者的話來說，是「原地踏步」。這是非常不成功的猜測，因為在此之後，工業類股又下跌了13點，在六月時創下新低；至於鐵路股，也出現明顯的下跌，根本不是原地踏步。

▶ 平均指數必定相互驗證

　　上述的例子，是工業平均指數的多頭跡象並未獲得鐵路指數的驗證，觀察者卻被工業指數的多頭跡象誤導了。工業指數已經形成我們所知的所謂「曲線」，而在熊市中的次級反彈出現一些力道後，走勢突破曲線，如果鐵路股有同樣的跡象，可能代表籌碼集中，但是並未出現這種狀況。只能希望赫斯特《美國人報》該篇文章的讀者沒有聽從這個消息；至於工業類股，正如平均指數所顯示的，一直到七個月之後、十二月的第二個交易日，才突破發表該樂觀言論當天的收盤價。

　　不過，我們或許可以寬容地假設，這個晴雨表的解讀

者並沒有他所說的那麼膚淺，他的心裡或許還有一九一九年牛市的記憶——當時的漲勢是由工業類股獨力促成。但如果你仔細研究本書稍後名為〈證明規則的例外〉一章所刊登的圖表（請見第248頁），就會看到這樣的經驗無法重複，除非鐵路股重回政府持有及擔保——這種情況當時讓鐵路股徹底脫離投機類別，並隨著債券和其他固定收益證券一路下跌。就我們所知，隨著生活成本上揚，那些證券的價格必然會下跌，而當時的生活成本正高漲不下。

這個例子是用來突顯一點：**儘管兩種平均指數可能力道不同，但方向不會偏離太多，特別是在大趨勢中。**這些年來，兩種平均指數始終遵守這個規則，證明這一點十分可靠。不但適用於市場的主要走勢，在次級反彈與回檔時也差不多同樣適用。但它對於每日波動則未必準確，而且用在個股更可能會有誤導作用。

我從個人經歷中發現，單一平均指數透露的跡象，看起來可能幾乎令人信以為真；我按照那樣的方式分析自己很久以前寫的文章，發現我不只一次犯錯。這清楚表明了晴雨表的價值，我們犯錯是因為對它信任得太少，而不是太過信任。

▶ 言歸正傳

　　有人說，我應該探討與股市主要趨勢相關的原因——商業蕭條、復甦，以及疑似或實際的過度擴張。對於一九〇七年發生經濟恐慌的原因，我有自己的看法。我不同意其他能力與我相當的作者，將恐慌的原因歸咎於哈里曼，以及美國鐵路公司從一九〇一到一九〇六年間的「過度擴張」；他們選擇相信一九〇六年年底、英國央行將利率調升到驚人的7％，是羅斯福口中的「罪惡富豪」進行鐵路股賭博行為的直接結果。

　　我無論如何也不能相信，哈里曼一個人製造了埃及亞力山卓一九〇七年四月的恐慌；一個月內在日本的另一場恐慌；十月發生在德國漢堡，一場被倫敦《經濟學人》（Economist）稱為「一八五七年以來、驟然發生在該城市的最大金融災難」；還有智利的另一場恐慌——全都發生在十月底的美國危機之前。[2]

2　一九〇七年初，美國經濟依然強勁，物價穩定，公司獲利增長，但是身為景氣領先指標的金融市場，自三月以來卻開始下跌，儘管只是暫時性的，但全球市場依然極為不安。隨著英國黃金儲備的縮減，英鎊發生擠兌，遠方的股市例如埃及亞力山卓、東京等都發生銀行擠兌事件。但真正的危機始於十月份，海因茲操縱「聯合銅業公司」的行動失敗，並觸發一連串的市場崩盤危機。

按照詹姆斯・希爾於一九〇六年所言，鐵路公司應該以一年十億美元的速度成長，但後來卻幾乎是徹底停擺，在我看來，這種癱瘓狀態對美國的嚴重性，遠超過哈里曼的鐵路股交叉持股方案。交叉持股方案對大眾沒有威脅，因為有州際商業委員會透過運費進行保護。

　　但是這些都無關緊要。我要討論的是晴雨表，不是天氣。事過境遷十四年後，對於當年得以了解事實的人，甚至起碼曾親身經歷的人，那段歷史解讀起來頗為奇妙。但是在此回顧歷史雖有其必要，我們的討論仍將不離正題。

第十三章

次級走勢的本質與用途

NATURE AND USES OF SECONDARY SWINGS

在繼續最近幾章的討論主題——股市晴雨表效用的歷史例證之前，這裡有個探討「次級走勢」的好機會。先前的討論已經說明，股市晴雨表可在初始階段就成功判斷出主要趨勢。但是道氏理論中提出的次級走勢，則是另外一回事。

道氏理論指出，市場包含三種不同、但某種意義上同時發生的走勢——主要為上漲或下跌的重大趨勢；次級走勢，表現為牛市中的回檔及熊市中的相對反彈；以及每日波動——我們透過分析、證明此一觀點正確。或許本章所

要討論的內容，更像是針對投機者或處於萌芽階段的新手投資人，而甚於針對那些考慮以股市晴雨表作為商業指引和預警的人。

▶ 如何判斷市場轉折？

我們大概會直截了當地承認，如果要判斷主要牛市或熊市的轉折是困難的，那麼要判斷次級走勢什麼時候到來就更難了。不過，要指出次級走勢何時結束、並恢復主要市場趨勢，並非無法克服的大難題。

我們無法武斷地說出這種走勢的持續時間或程度。一九〇六年的舊金山大災難（請見第十章），加劇了牛市中的次級回檔，從這次走勢的研究中我們看到，這種回檔下跌極具欺騙性，幾乎會讓人信以為真，彷彿要發展出新的趨勢走向。當時的走勢顯得來勢洶洶而令人確信，就像一九〇一年的北太平洋鐵路恐慌，即使經驗豐富的交易商也會輕率地以為牛市已經結束了。

根據道氏的推估，反向走勢的長度在四十到六十天，但後來的經驗顯示，更長的時間極為罕見，而且持續時間可能明顯少於四十天。如果波動的幅度就是我們考慮的全

部因素，那麼每日波動有可能幅度相當大，大到幾乎足以構成次級反應。

當大眾在一九一七年十二月底得知政府即將接管鐵路公司時，鐵路平均指數單日的上漲幅度超過6點。也曾有真正的次級走勢未曾達到那樣的幅度。這是經過驗證的法則，可在我們研究次級走勢時給予指引，那就是大盤的大方向要改變會很突然，但若要恢復主要趨勢則會明顯較緩慢。後者通常可從牛市的集中線、或熊市的分散線預知。

▶ 華爾街的流星多於恆星

誰能預知股市的驟然轉變呢？這似乎取決於一整組因素，卻迥異於價格根據價值調整的因素，而「價格隨價值調整」是主要趨勢的重要功能與目的，反映出來的是技術性市場狀況，多於一般消息的總結與反省。就像專業人士說的，這代表有太多人在做多；或者反過來說，代表市場人士不顧流通的股票供應減少而賣空。我不只在一個場合拒絕建議從事投機活動，採取這種善意的態度很容易，但是如果一位自由的美國公民認為自己具備成功的基本素質，尤其是當他屬於那種從不失敗的人時，我會贊同他從

事投機活動或許更有意義。在華爾街以外的地方,這是最嚴酷的考驗。金融業的天空中有許多流星,卻很少有不變的恆星存在。

在市場的次級走勢中,專業人士比起業餘人士更具有真正持久的優勢——他的專業經驗能使他判別這種緊急的突發狀況。「盤勢判讀」(tape reading)有點像是第六感,場內交易的人如果在這方面有天分,甚至會比造詣最高的盤勢判讀者,更能敏銳感覺到變化的出現。有些競賽是業餘者比專業人士更出色。也有許多競賽似乎是業餘者至少和專業人士一樣出色。但是長期來看,幾乎在所有競賽中,專業人士勝出的機率都會比業餘者高。當賭注相對大時,專業人士贏得更多;當損失在所難免時,專業人士輸得較少。

▶ 專家的優勢

有些競叫橋牌(auction bridge)[1]的權威人士推算,在橋牌遊戲中拿到好牌就占有80％的優勢。漫不經心或狀

1　在這個橋牌遊戲中,玩家必須以競價的方式叫牌,以決定合約和莊家。

況不好的玩家如果拿到好牌，加上運氣好得超乎尋常，且有幸遇到好的搭檔，那就可以贏牌，甚至連續贏上一段時間。但是剩下的20％，卻是不可救藥的二流玩家與專家之間的重大差異。

經常玩牌且玩牌的時間足夠多，能平衡運氣的成分，一流的玩家必定能勝出。此外，他不靠任何不公平的優勢也能贏。如果他靠著和搭檔互通消息，那也只能算是一名賭棍，絕對算不上一流的玩家。騙子的優勢一直被高估。他的心態多少有些缺陷，否則不會變成騙子。

我在華爾街曾遇到過極少數的幾個騙子，有專業等級也有業餘等級。他們很快就會原形畢露，而隨著僅有的優勢消失，他們發現自己落到了最底層——「無人立刻登上邪惡頂峰」（Nemo repente fit turpissimus），實際上，他們微不足道。

▶ 成長中的專業人士

在諸多赤手空拳奮鬥成功的投機者當中，不屬於證交所會員或任何證券經紀公司合夥人的那些人，卻不得不接受證券經紀人的佣金和市場價差，無論出於什麼目的，他

們遲早都會變成專業人士。他們在投機事業上傾注所有心血，就像任何行業的成功人士一樣。相對的，只在股市「偶爾尋求刺激」的局外人，無論他們多麼精明或消息多麼靈通，在次級走勢中對上專業人士很難不賠錢——他們無法迅速辨識走勢的變化並調整心態；他們在本質上通常不願意接受「先前看法正確的部分卻賠了錢」。相對的，專業人士一發現端倪，就會以最快的速度採取行動，即便次級回檔或反彈幾乎沒有什麼預警時間。

▶ 華爾街通常看多

然而，當牛市因為次級回檔且市況蕭條的時候，聰明的業餘者反應和專業人士是完全一致的。過去華爾街給自己想出許多格言，其中之一，就是「千萬別在市況沉悶時賣出」。這在大熊市期間是很糟糕的建議，因為市場會在大幅反彈之後陷入蕭條，有經驗的交易商會看情況再次做空。但華爾街本質上是樂觀看多的。其中一個原因是，金融區無法在熊市中賺錢，完全不像有些人以為的，熊市正是華爾街收穫的時機，而且會居心不良地趁災難牟利。華爾街是靠佣金為生，而不是靠著賣空自己發行的證券獲取

利益——大量交易才有大量佣金。這是牛市的特點,但絕對不是熊市的特點。所以,華爾街在正常情況下通常都是看多,而且根據經驗,我從來沒有見過哪個優秀的交易商,最初是以空頭作手闖出名號的,空頭作手要不是轉為做多,就是徹底退出市場。

在研究主要趨勢時,我們看到牛市延續的時間比熊市長,可能也看到經過幾年的時間,足以將牛市與熊市平均得出看似向上的趨勢,或者以美國逐漸增加的財富來看,起碼至今都是上漲的。以個人來說,我不相信戰爭會改變這個基本事實,至少在欣欣向榮的美國是如此,儘管鐵路股有段時間會有些特殊走勢,讓人修正看法,這個問題我們稍後會再討論。

▶ 詹姆斯・基恩

就空頭交易商來說,我十分確定詹姆斯・基恩在空頭交易中賠的跟賺的一樣多,而且他遺留的財產及花在維持賽馬場的費用,都是從購買後來升值的證券中賺到的。我從未與他有過深厚交情。事隔這麼久,可以持平地說,責任在身的新聞人,不會與專業投機大亨建立密切關係。這

種密切關係可能引人誤會，無論這種私人關係如何單純，因為華爾街充斥著流言與醜聞，很容易給記者招來「為特定操盤手擔任喉舌」的惡名。這種情況當然是任何清白的報紙都不能、也不應該容忍的。

這並不是說新聞人，甚至是大部分能進入基恩辦公套房的人，就不是正人君子；基恩在女婿塔伯特・泰勒（Talbot J. Taylor）位於布羅德街（Broad Street）的辦公室，有一個尋常人難以接近的房間。基恩有很多地方討人喜歡，他絕對不像有些人從聳動的報紙或電影銀幕中獲得的金融家印象，是個冷酷無情的強盜。他身上擁有吸引人的特質，而且信守承諾，雖說他對那些跟他打交道、卻不守信用的人殘忍無情。我們都讚佩他對兒子福克賽爾（Foxall）的慈愛，以及他身為運動愛好者對良駒的鍾愛。股市中的敵手對他百般攻擊的傷害，都不如他親自飼養照料的愛駒——賽松比（Sysonby）的死亡，在賽馬場上表現極為出色的賽松比，離世時才四歲。

新聞人當中算得上了解基恩的，就是當時任職紐約《環球》雜誌的埃德溫・勒菲弗。與其說勒菲弗是基恩的朋友，倒不如說他是研究基恩的專家。他以十分有趣的方式研究基恩，並將之用在嘻笑怒罵但又給人深刻印象的

《華爾街故事集》（*Wall Street Stories*）這本書上，其中，〈華爾街巨石〉（*Samson Rock of the Wall Street*）與〈金色洪流〉（*The Golden Flood*）的故事，勒菲弗刻畫了一個與基恩相似的人物，如今那些故事多少有些過時，但對於一個了解二十年前華爾街（與現今面貌截然不同）的人來說，讀來仍津津有味。

▶ 愛迪生・柯馬克

還有一個原因可以說明，為什麼空頭作手被認為做了很多賣空和「破壞市場」的行為，但其實他們並沒有幹那麼多壞事，甚至沒有那個想法。這些人在做多股票時可以隱身在幕後，然而，做空行動卻往往會引人注目，讓主要人物暴露在聚光燈底下。

愛迪生・柯馬克的年代早在我入行之前，但熟識他的人都說，他做空的動作迅捷，有時候成功，有時候不成功，如果他不是對價值的判斷出色，而且更熱衷於促進美國金融成長與繁榮（而不是費力阻礙），他早就傾家蕩產，或是陷入另一種處境了。柯馬克在北太平洋鐵路公司重組時，以每股7美元買進，大賺了一筆。相對於那些時時抨

擊華爾街愛國主義的人，他或許更加相信美國的強大。基恩或許沒有柯馬克那般成熟，他在做多南太平洋鐵路公司（Southern Pacific）的行動中失利，或許時機過早，但他的判斷是正確的。

▶ 賣空大宗商品

賣空者沒有什麼朋友，因為除非其他人賠錢，否則他顯然無法賺錢。不合邏輯的是，即使他放棄股票交易，轉而去做如小麥或棉花等大宗商品的賣空操作，這種對他不利的看法還是如影隨形。但是，股票多頭部位和小麥空頭部位，兩者是相對應的。如果購買力很小的工人能以更低的價格買到更多的麵粉或麵包，美國的經濟將會更加繁榮，這種觀點是合理的。小麥或棉花的價格走勢與股票價格的走勢，兩者根本不可能同向發展，在證券價格上漲時，這些大宗商品的價格通常會下跌。這並不是一個普遍被人們接受的觀點，但在我看來，放空小麥的人即便是出於自私的目的，其所作所為卻似乎帶有公益性質。

諸如此類的意見，當然不受農民歡迎，更加不受農民的政界友人歡迎——他們認為，小麥的價格達到每蒲式耳

5美元意味著繁榮，才能使財富滿足貪婪。然而，這或許也正意味著饑荒與普遍窮困。農民及其友人會變得如此敏感，是因為他們在一九一九年建立的「小麥聯營體系」（這和其他企圖壟斷生活必需品者，在道德上並無不同），將小麥價格推升到一蒲式耳3美元以上，但卻在無黨派同盟（Non-Partisan League）[2]無能的領導下，以及如今美國參議院農業「集團」部分成員的道德支持下瓦解。那次的壟斷行動失敗了，而說它活該失敗，對農民來說並不算刻薄。一九二〇年的股市就是對農民發出的警告，說明這樣的聯營體系不可能成功，當時還有充裕的時間，讓農民以遠高於一蒲式耳2美元的價格，變賣所有的小麥。

▶ 晴雨表如何自我調整？

我們並未離題。如果只考慮相關的資金投入，棉花或穀物市場的疲弱，和股市的次級下跌大有關係。次級走勢受到短暫情況的影響，其實多過那些影響主要趨勢的因

2　一九一五年成立於美國的一個政治組織，旨在讓有組織的農民與工人站在同一陣線，對抗大企業等利益集團。

素。有個中肯的問題是，「平均指數能可靠地預測次級反應嗎？」自然是有這樣的預測，在牛市趨勢期間，如果市場的兩個平均指數構成曲線，低於曲線的價格，就代表已經到達飽和點；熊市的情況則正好相反。但經驗告訴我們，出現這樣的曲線時，通常不是在次級下跌或上漲之前，而是在此之後。所以，這條曲線對先前賣出、希望再次入市的投機者最有用，因為**在籌碼累積線之後的多頭跡象，代表會出現新高點，比次級跌勢開始前的水準更高。觀察所有歷史紀錄，這樣的新高點是證明恢復多頭行情的決定性證據。**

但是這些討論的原意並不是針對投機者，而是針對希望研究股市晴雨表以做為美國整體商業情勢指南的人。這些研究者或許會問，次級走勢的真正目的和用途是什麼？如果我們可以換個比喻，大概可以說，次級走勢和有時用來調整指南針的工具並無二致。

許多人看過船隻下水時在港灣打轉，納悶那是什麼意思。我很清楚這樣的比喻絕對不完美，但很顯然次級走勢有校準晴雨表的重要用途。我們的指導方針是，晴雨表最起碼要能夠「自我調整」。別忘了，我們處理的並非管中水銀這種確定的成分，我們完全了解它的屬性。股市晴雨

表將所有想得到的因素都納入考慮，包括最流動不居、無常又無法預料的人性。因此，我們無法期待它能有物理學上的機械精準度。

▶ 不算好得不真實

如果晴雨表太過精準，我們或許很容易產生懷疑。我們的態度也是地方法官在面對每個警方證人提出證據，以完全相同的說詞、說出相同故事時的態度。這種證據實在完美得太不真實。

我經常被問到，是否對特定轉折日期的高低點相當有把握；例如，我們目前正在擺脫的這一波熊市低點，究竟是在一九二一年的六月，還是不應該考慮工業指數單獨在之後的八月所創下的新低點。我們曾說過，平均指數必須互相驗證，但是如果你不喜歡那樣做，希望根據自己的思維習慣行事，那麼你肯定會獲得極大的自由，我並不認為那樣做會造成什麼實質性的影響。我已經分析了許多數據圖表，牛市或熊市的動向，可以透過某檔長期活躍的股票（例如美國鋼鐵公司普通股）的走勢，非常準確地預測出來，但是這並不能讓我感到興奮，因為我並不相信那些分

析能像我們的晴雨表那樣，經得起長年累月的考驗。

　　還有其他極不友善也無意提供協助的批評者，他們可以輕鬆地指出我們的理論存在錯誤，因為他們本來就不想接受它。他們只是好辯罷了。他們當然可以找出許多他們認為晴雨表沒能預測到的走勢，特別是次級走勢。但那又如何呢？任何工具要達到他們要求的準確度，實在是人力所不可為，而且我也不認為在人類道德發展到今天這個階段上的時候，我們可以如此確定地信任某個人。如果某些純粹的利他主義者能夠讓我們這個星球擺脫造物者的控制，那麼整個世界將歸於毀滅。

第十四章

一九〇九年，以及
歷史的部分缺陷

1909, AND SOME DEFECTS OF HISTORY

　　既然我們的目標是理解股市晴雨表，就不應該為了那些依然存在的實際和想像的障礙而氣餒。回顧過去，看看自己已經克服了多少困難，我們就可以鼓舞自己繼續走下去。或許重要的是我們親自參與的過程，而非最終的獎賞。這並不是說，光是讀完這一系列的討論就達成了什麼成就，讀者還得將這些收穫添進自己的腦力存摺。如果我們回顧過去，你會發現我們不但確立了道氏股價走勢理

論，還藉此建構或推斷出一個切實可行的晴雨表——具有長遠預測特質的珍貴晴雨表。

我們應該牢記這套理論，也就是股市有三種走勢——大盤向上或向下的主要趨勢，時間從一年到三年不等；次級回跌或反彈，持續時間從幾天到數週不等；以及每日波動。這些動態是同時發生的，就像漲潮時海浪有波段回落，只是隨後的每一波捲浪又朝海灘推進。或許我們可以這樣說，次級走勢會讓主要大趨勢暫緩一段時間，只不過就算我們對抗抵制，自然法則依然有效。受到地心引力的吸引，筆會從我的指間掉到地板或書桌上，那樣的法則不斷地在運作，即使並不明顯。套用類似的說法，次級走勢可以視為與主要趨勢同時發生，但主要趨勢依然處於支配影響的地位。

▶ 不平衡的等式

我曾在前文必要的時候提到過商業圖表和紀錄，而且我非常不願意與這些有用數據的編纂者們辯論。這裡我想要堅持的論點是，從效用上來說，這些圖表和紀錄算不上是晴雨表，因為它們對未來的分析非常模糊，即使它們所

做的假設，是根據偉大的物理定律——作用力與反作用力相等；它們還必須得向我證明，它們納入了所有等式的因子。這些商業圖表，肯定沒有納入德國贏得一九一八年戰爭[1]的可能性。相對的，一九一七年的熊市，則考慮到在製作這些圖表時所有可能會發生的因素，當然也包括這個影響巨大事件的可能性。

的確，除非熟悉過去發生的事，了解相似的原因會產生相似的結果，我們才能對未來可能發生的事有些概念。但是預測也可能犯錯或是太過不成熟，除此之外又沒有其他指南的話，那麼預測就足以讓商人傾家蕩產。

一家商業圖表的權威機構，不久前曾鼓吹人們買進某些特定股票，它的推論基礎是該公司過去十年期間的利潤與股息，然而，當時的商業情勢發生根本性的變化，該公司判斷失當的政策又使得情況雪上加霜，於是讓買進那檔股票的人損失慘重。目前，持有如美國糖業類股的人，若是根據其股息紀錄而在一九二〇年買進，他們現在的處境又是如何呢？

---

1 第一次世界大戰於一九一八年十一月結束，德國戰敗，同時爆發十一月革命，群眾起義推翻了德意志帝國威廉二世的君主立憲政權，建立一個議會民主共和國。

▶ 不充分的假設前提

那類推論所使用的基礎太過狹隘，缺乏遠見。有點像是無視病人當前的症狀如何，只因為過去十年他的健康情況良好，就說他會康復。這是用不充分的假設前提進行推論的例子。

毫無疑問，管理和其他方面變化的可能性，有時候會使一間有著良好股息記錄的公司遇到麻煩、產生投資人的疑慮，而這種可能性在記錄編纂機構的表格總數中，無疑會加以平均。但即使這些因素都加以平均了，那還是一份紀錄，而不是晴雨表。

氣象局的資料具有極高的價值，但是他們不會妄自預測夏季乾燥或冬天溫暖。你我從個人經驗都知道，紐約的天氣可能一月寒冷，七月燠熱。不用氣象局的幫助，我們就能推論出那麼多。氣象局能給我們的，只是不充分的短期看法；它沒辦法告訴我們後天將是個大晴天，適合我們去野餐；更不能告訴農民接下來的夏天氣溫與濕度如何，所以應該種植馬鈴薯而不是玉米。氣象局可以列舉紀錄和機率，但農民必須自己去做判斷；而我們就只能碰運氣，看野餐能不能成行了。

▶ 優秀人才知之甚少

我們已經看到，股市晴雨表的確具有預測功能。它可以提前數月告訴我們：未來的整體商業交易量會有什麼樣的變化，甚至更進一步預先警告我們國際事件的危害，後者可以讓一切根據商業紀錄計算出的結果失去效力。我們總是不厭其煩地強調，股市晴雨表的行動基礎是「一切可獲得的信息」。

不久前，我向一位華爾街十分優秀的金融家請益，那位金融家經常被那些熱愛聳動標題的報章雜誌譽為「最能洞察金融情勢訊息及對未來事件影響」的人。我問他：「你自認能掌握多少比率的消息呢？」

他說：「我從來沒弄清楚過。但如果是反映在股市走勢的所有消息，我掌握了50％，我有把握自己的條件比華爾街的任何人都好上許多。」

這是出自負責處理大型鐵路公司與工業企業融資問題的銀行家之口，他的國外人脈屬於極高等級。從他沒有故作謙虛地對著一個他不會傻到去欺騙的人坦承這一點，就可知道政治人物老愛標榜無所不知的「金融八爪章魚」假設，是多麼荒謬。

▶ 不必要的準確性

解讀根據道氏理論而來的晴雨表，我們已有很大的進展。我們看到平均指數中的「曲線」——交易在窄幅區間達到相當成交量，連續天數足夠多時，收盤價所形成的曲線——必定代表籌碼集中或分散；而導致平均價格向下跌破或向上突破曲線的走勢，可以確信大盤方向最少會出現次級變化，甚至是主要趨勢的變化，這可以由平均指數是否互相驗證來判斷。

我們也確信，兩種平均指數必定會相互驗證，只是未必會在同一天、或是同一週突破各自的曲線，只要它們保持往同一個方向發展，那就足夠了。

經驗顯示：兩種平均指數的主要走勢，完全沒有必要在同一天內創下最低點或最高點，我們的觀點只是認為，既然兩種平均指數相互驗證了，就意味著市場已經轉向，即使平均指數之一後來創下新低點或新高點，卻未獲得另一指數的確認。兩個平均指數先前創下的低點或高點，或許比較適合代表市場的轉折。

這似乎是個依然困擾許多人的難題，他們期待從平均指數獲得絕對的數學精準度，即便只是為了沒有必要的理

由，但我不會有這樣的主張。有位評論家認為，我假設上次熊市走勢的低點是在一九二一年六月，這個假設是錯的，因為工業類股在後來的八月創下更低點。但是那個新低點並未獲得鐵路股平均指數的確認。因此，根據我們的觀點，那個新低點可以忽略不計，只不過那位先生若將上升走勢定為從八月起，而非從六月起，那會讓他更確信自己不是算錯得太離譜。

▶ 一九〇九年的雙重頂

說到這裡，討論一下市場在一九〇九年向空頭發展的轉折點是很有幫助的。這可能令一絲不苟的批評者不解，因為一九〇九年八月時，鐵路股創下先前牛市走勢的高點134.46點；工業類股則是在接下來的九月底時，創下高點100.12點，十月初來到100.50點，十一月初時達到當年的最高點100.53點——**最後一個高點，連同先前的高點，就是所謂「雙重頂」的例子。**這絕非完全可靠，但通常有用；而且經驗顯示，當市場指數出現雙重頂或雙重底的時候，我們就有強烈的理由懷疑漲勢或跌勢已到達尾聲。

不過，如果我說「牛市在一九〇九年八月觸頂，並從

那一天開始轉入熊市」，肯定會有人糾正我說，「熊市應該要從十一月初開始計算」。

其實，這有什麼關係呢？如果我們結合當時浮現的狀況，加上我們研究籌碼集中或分散線的心得，就會看出重大向下轉折之前的籌碼分散，可能是次級反應，但這次卻證明是主要**趨勢轉折**，而且至少在一九〇九年十一月第一週的交易結束之前，籌碼分散一直在進行，並確立了不可避免的結果。

▶ 警告股票多頭

我認為把這當成晴雨表的暗示是恰當的，就像我們會對將「所有人性易犯錯因素」納入考量的衡量標準有所期待。牛市中的投資人從不曾像一九〇九年一樣，有這麼多機會在頭部、或比頭部略低幾點的地方獲利了結。

先前我說過，起始於一九〇七年十二月的牛市，其實不怎麼受到歡迎。先前的熊市預測到「企業誘殺」（corporation baiting）年代，而引發這一切的羅斯福總統怎樣也料想不到，他對「罪惡富豪」的責難竟會流傳如此之久，或是那些遠比他無知、又更虛偽的人，竟會從中推

斷出毀滅性的言外之意。

▶ 批評評論者

　　一九○八至○九年的牛市，並不合一些備受尊崇的專業評論者心意。我很欣賞諾耶斯的著作《美國金融四十年》，並在其他地方推薦過。根據他最後的段落判斷，他的評論似乎只進行到一九○九年初。他好像在譴責當時進行中的牛市。他肯定沒有看出，就鐵路股而言，那一波牛市其實將持續到八月；工業平均指數則顯示持續到十一月，而且直到一九○九年的十二月三十一日，鐵路股也沒有低於130點，相較之下，在八月中時也不過是134點，工業股距離頂點也不到1點。

　　諾耶斯談起牛市時的評論，或許可以說是一篇不怎麼成功的預言：

　　「進入一九○九年的開端，這個異常的市場表現進入尾聲，此時真相突然明朗，鋼鐵和其他大宗商品的價格下跌，證交所的異常表現結束。隨著一九○八年告終，這段歷史或許也徹底落幕，給一個篇章畫下句點。」

但我們從平均指數的紀錄中看到，這個篇章並沒有如諾耶斯以為的「立刻畫下句點」。為了方便起見，我們可以說，牛市在一九〇九年八月已經後繼無力——或者如我們所見是在十一月。但預見下一段蕭條期的熊市，卻直到一九一〇年一月才「全速前進」——我們又再次看到一個博學能幹的觀察者，把「歷史紀錄」當作晴雨表使用而受到影響。

▶ 太過簡略的紀錄

對於歷史研究者而言——筆者很誠懇地認為自己也屬於其中的一分子——總是很遺憾地發現，真正可供研究的歷史實在太少了。我們的平均指數圖表，至今真正有效的時間大約只有二十五年。當我們說二十檔活躍的鐵路股，必須與二十檔工業股相互驗證，我認為至少有部分似乎是在暗示，少於四十檔股票的走勢不足以全面反映市場的整體情況

我在後續的討論中會提供一八六〇到一八八〇年間，部分不完整的紀錄，有十五檔不同股票的每月平均指數高低點。我大概也會說，我認為這沒有任何明確的教學價

值；或者如果與當時的事件同時記錄（而不是多年之後才將其編纂），就能給商業界十分可靠的指示，讓我們可以在如今更臻完備的雙重指數晴雨表中做解讀。

▶ 歷史如何記錄錯誤？

我對歷史的不滿還遠遠不止這些紀錄。所有目前可得的歷史，最早可追溯到古埃及，到所謂「民族發源地」的小亞細亞——它們都記錄了錯誤的事情。它向我們講述歷代法老的一切，卻對那些讓歷朝歷代富裕起來的中產階級管理人才（也就是那些法老真正統治的人）隻字未提。

我們知道當時有統治者和戰爭，有自由程度不同的奴隸和工人；我們現在還知道，不是勞工創造了一切——這是馬克思（Karl Marx）所創的荒唐大前提——相較於腦力勞動成果創造的人類財富總和，勞工創造的只是九牛一毛。從善於煽動群眾的布爾什維克政治人物採用的字眼來看，我們對過去的「人民」所知甚多。

牛津大學的索羅德・羅傑斯（Thorold Rogers）教授，多年前編纂了一個英國自都鐸王朝以來，人民薪資變化的表格，但歷史所提供的底層數據似乎很少，頂層的數據卻

太多，而中產階級在任何有商業發展的國家，都是指揮引路的腦力大軍，歷史卻幾乎遺忘了他們。

▶ 哪裡有商業紀錄？

對於迦太基人，我們究竟有多少認識呢？迦太基人是當時最強大的貿易民族。我們或許寧可犧牲漢尼拔出征的詳細敘述、拋開我們對第二次布匿戰爭[2]的大部分了解，甚至放棄那部分的歷史，以換取一位典型迦太基商人從事外貿的一年會計帳——從一個西元前二五〇年的商人帳冊，我們可以從中學到適用於解答今天問題的實用知識，大概會超越《羅馬帝國衰亡史》(*Decline and Fall of the Roman Empire*) 一書，因為那本書只順帶提及迦太基，但對於當時商業經營的實際狀況卻隻字未提。

迦太基商人是怎麼經商的呢？他們買賣康瓦耳的錫礦和泰爾城的染料；他們在已知世界的各地都有客戶，從西方的英國延伸到東方的印度。他們買進的錫礦或染料，能

---

2 古羅馬和迦太基之間，共發生三次布匿戰爭，西元前二一八年展開的第二次布匿戰爭，迦太基主帥漢尼拔率領六萬大軍穿過阿爾卑斯山，直攻羅馬本土，戰事前後持續了十七年之久。

不能全部用金幣或銀幣支付呢？他很有可能用自己其中一種商品去交換另一種商品，或者用別的東西交換那兩種商品。他們如何支付？如何結算帳目？他們有匯票嗎？我傾向於認為有，無論是以什麼樣的形式。但這些資訊並未透過紙莎草或羊皮紙的文獻留存下來──歷史沒有告訴我們想知道的每一件事。

迦太基人如何去調整他們的國際貿易收支呢？他們一定有方法。雅法（Joppa）、賽達（Sidon）或亞力山卓的商人[3]都有記帳，或者有類似於帳本的東西。他們記下從迦太基引進什麼商品、又輸出什麼商品到迦太基和其他地方去。羅馬在帳上欠迦太基的餘額，在三方交易中必定需要一些複式記帳法的知識，此外，多少還會有定期的匯率報價，藉以平衡國與國之間的貨幣。歷史有告訴我們這些事嗎？完全沒有。但是那樣的知識對我們的價值卻是大上許多，遠比芝諾芬（Xenophon）[4]萬人撤退的不朽故事，更能讓我們免去許多錯誤。

3　分別意指以色列、黎巴嫩及埃及古城的商人。

4　希臘史學家、軍事家，追隨哲學家蘇格拉底多年，在其晚年的著作《長征記》中，記述他帶領一支希臘軍隊從波斯帝國驚險撤退的經歷。

▶ 誰為薛西斯融資？

但願我們不要遺漏了溫泉關（Thermopylae）戰役[5]的深刻教訓。我們從第一次世界大戰中看到，人類還是有可能做出斯巴達三百壯士的英勇行為。但是，有人記得那些給勝利的薛西斯「五百萬大軍」提供糧草、軍需裝備的承包商嗎？「馬拉松之後山高，馬拉松之前海闊，」兩兩相望直到天崩地裂……即便末日到來，歷史卻不會告訴我們那些運送戰敗波斯人的艦隊，耗費了多少的船舶成本。

「出征戰舞今猶在，征戰方陣在何處？」如果知道當年皮洛士（Pyrrhic）[6]軍隊一天必要的三餐怎是麼來的，食物又是從哪裡輸入的，沒有戰舞也無妨。我完全不贊同亨利・福特（Henry Ford）對歷史的批評──歷史不是「廢話」；但我們為什麼不給西元三○一年、戴克里先

5　西元前四九九年，波斯與古希臘城邦爆發一系列衝突，波斯第一次入侵希臘雅典時，雙方於馬拉松平原決戰，史稱馬拉松戰役。而溫泉關戰役是第二次波希戰爭最為著名戰事，希臘的斯巴達國王列奧尼達一世率領三百名斯巴達精銳戰士與部分希臘城邦聯軍於溫泉關抵抗由薛西斯一世為首的波斯帝國。

6　伊庇魯斯國王，亦是古希臘著名的將軍、政治家。西元前二八一年，位於義大利半島底部的希臘城邦他林敦與羅馬共和國開戰，因而向亞德里亞海對岸的伊庇魯斯國王皮洛士求援，皮洛士以其方陣戰術，在隨後兩次戰役中血戰羅馬軍團，取得勝利。

（Diocletian）[7]頒布的物價控制敕令造成的後果，做出可靠的分析呢？

古希臘人是從哪裡採購海軍軍需的？又是如何匯整的？帳款如何結算呢？是用鑄造幣，還是用寫在羊皮紙上的匯票，將一個商人的債轉給另一個人，以便結算第三方的帳款？這一切在傳統歷史記載中都付之闕如，很遺憾在現代歷史上也不見蹤影。一直到十九世紀中葉，格林（John Richard Green）撰寫《英國人簡史》（*A Short History of The English People*）這本書時，不再講述英國諸王的歷史，只不過該書太過簡短，而且其中描述英國人民最重要的篇幅，被作者傲慢地縮減到最少——可敬卻不善言辭的人民，兢兢業業地經營自己的事業，並盡量「不留下文獻紀錄」。

沒有人會小看導致簽署《大憲章》的事件紀錄。但如果我對約翰國王不是太感興趣，我想了解的不只是歷史文獻紀錄，更想透過華特・史考特（Walter Scott）[8]筆下，去

7　西元二八四至三〇五年在位的羅馬皇帝，其任內展開一系列改革，讓帝國的統治得以延續。西元三〇一年，為了解決嚴重的通貨膨脹和產品供不應求等問題，戴克里先頒布敕令，實施「限制最高價格法」。

8　十八世紀末蘇格蘭歷史小說家及詩人，著有包括《劫後英雄傳》、《十字軍英雄記》等三十多部歷史小說。

瞭解以約克郡的艾薩克（Isaac of York）為象徵的商業與金融人物。就真正的歷史價值來說，猶太人受酷刑而被拔的牙齒，超過金雀花（Plantagenet）王朝[9]國王的王位。

▶ 中世紀的銀行業

我們愈是研究早期歷史學家的著作，就愈是訝異他們竟無法看出一件不言而喻的事，他們幾乎一律出自那個「除非碰觸到政治、否則不會被歷史記錄」的階級。

弗勞德（Froude）在他的歷史著作中，長篇累牘地敘述亨利八世與亞拉岡的凱薩琳（Catherine of Aragon）離婚事件。但這樣簡單的一件事所牽涉到的財務處理，諸如凱薩琳王后嫁妝的收回與支付款項，他卻沒有半點有意義的敘述。我曾聽一位經驗豐富的新聞記者說，「最有趣的新聞從來不曾見諸報端。」這句話雖然尖酸刻薄，卻十分真實，而最有啟發意義的歷史事實肯定很少載入史冊。

9　自十二世紀起統治英格蘭的政權，首任國王是亨利二世。金雀花王朝期間，英國的文化藝術逐漸成形，憲法史上極具影響力的《大憲章》便是由亨利二世的第五子──約翰國王簽署的。

那正是為什麼塞謬爾‧皮普斯（Samuel Pepys）[10]的日記不是以出版為目的，卻能比同時期及後來的作品，告訴我們更多想知道的王政復辟時期真相。差不多從那個時候起，我們開始熟悉銀行業是什麼，以及銀行業在二百五十年前的大城市倫敦是怎樣經營的。

就現有的紀錄而言，我們對銀行業的認識幾乎不會早於十七世紀末英國央行的成立。早期金融家的商務與銀行往來紀錄有如鳳毛麟角。在荷蘭、西班牙，以及葡萄牙的殖民擴張時期，或者熱那亞人與威尼斯人當年的貿易往來，必定出現過這類的紀錄。但這些備受尊崇的歷史學家似乎認為，國王的私生子誕生比開通貿易途徑、並創造發展貿易必要的金融機制更重要。

◗ 信用的出現

根據可靠的知識顯示，銀行業甚至是分支銀行制，在中國沿用了至少二千年，其業務包括匯票、信貸，以及常

10 十七世紀英國政治家。皮普斯在一六六〇到一六六九年間寫下生動翔實的日記，於十九世紀發表後，被認為提供了英國復辟時期社會現實和重大歷史事件（如倫敦大瘟疫、第二次英荷戰爭、倫敦大火等）的第一手資料和研究素材。

見的銀行業體系，即使形式簡化許多。我們也必須承認，如今的信貸大架構基本上是近代產生的。但是，若只因為我們對歷史所知不多，便以為那些銀行業務全部都是現代產物，那就太荒謬了。

迦太基、熱那亞與威尼斯的貿易大多是以物易物。但我們也能確定並非全都是以物易物。因為包括教會的教律，還有聖經本身及類似的著作中，都曾多次提到「高利貸之罪」。但高利貸意味著利息，而利息意味著賒欠，就像鑄造貨幣意味著兌換。這不全是指典當業；也不是中世紀的銀行業。有證據顯示，同樣的一批人既收取利息又支付利息。當時的商人跟現在一樣，大概比神學家務實得多，肯定也更清楚合法利息與高利貸之間的界線。

問題是，歷史學家對於金錢借貸，直到晚近仍受基督教會的態度影響。他們對於自己承認不懂的事情，固執己見得令人火大。我不免懷疑，中世紀早期並不「黑暗」，黑暗的只有歷史學家們。我甚至願意贊同我的朋友詹姆斯‧沃爾許博士（Dr. James J. Walsh），從真正的文明與成就來看，包括藝術與文學方面，十三世紀的歐洲都比我們這個時代討喜。而且連他也無法探知真正與商業機制相關的有用訊息。

▶ 社會主義的錯誤假設

　　如果這就是我們對人類活動重要一環的所有歷史知識，那就是納稅與徵稅之人的歷史，也是那些將勞力製造的原始產品、變成十倍成果之人的歷史——要從整個貿易、工業與金融的現代表格紀錄中，蒐集到足夠的細節，建構出一個可靠的綜合概論，那是多麼困難啊！

　　不久前，威爾斯（H. G. Wells）出版的《世界史綱》（*The Outline of History*）[11]，至少發揮了絕佳的效果，說服許多平日很少認真閱讀的人去讀歷史。只不過，那個「史綱」都用在證明謬誤的假設——人類摸索著前進，但不是盲目摸索，而是朝著國際社會主義的方向摸索。在威爾斯與我們都必須仰賴的不完整史冊中，有任何一筆紀錄透露這方面的跡象嗎？一切都指向高效率個人的發展。

　　威爾斯的推論，並未忽略「生產管理」的因素，從人類學會在收成中省下一點物資以準備度過寒冬、並交換自

---

11 《世界史綱》是英國小說家威爾斯所作一本有關地球和人類的通史，縱貫從地球形成到第一次世界大戰的歷史，行文通俗，語言風趣，是受大眾歡迎的通史作品之一。但也有人指其在史實論述方面不夠嚴謹，這可能與威爾斯本身並非專職歷史學家有關。

已無法生產的東西開始，這一點在古往今來都是舉足輕重的因素。

▶ 完善且保守的預測

關於晴雨表在一九○九年市場出現轉折的使用問題，《華爾街日報》在九月十一日（鐵路股平均指數達到最高點的一個月後）寫道：

「平均指數週四下跌的走勢，屬於那種通常標示下跌行情開始的走勢。這個徵兆還不是非常權威可信，但無論我們對重拾牛市走勢有什麼想法，『現在是利空消息出盡』，平均指數看起來無疑比長期以來的走勢更顯悲觀。」

「悲觀主義向來不是本報的方針，但在市場到達頂點時，本報發文誠摯懇求投資人採取保守態度。只要不強調什麼立場，就不會有問題。」

從那時起，雖然市場如我們預期般非常穩健，只在接近年底時才出現溫和的次級下跌走勢，但《華爾街日報》繼續從平均指數的警告中吸取教訓。十月二十八日，在指

出重建原有牛市必須要有的上漲幅度後，又指出：

「基於多年平均紀錄所顯示的價格走勢經驗，我們沒有虛偽託辭傳遞技術觀點以外的意見，但晴雨表顯示的蕭條跡象，已經證明非常值得思慮縝密的交易商審慎考慮。」

▶ 晴雨表的有效性日增

雖然當時人們普遍認為，一九一〇年是股市看漲的牛市，且兩種平均指數都只略低於最高點，但《華爾街日報》在一九〇九年十二月十八日卻不討喜地看跌。

有意思的是，當時討論的空頭論點之一（除了平均指數之外），就是生活成本高漲！十二月二十八日，認為隔年一月會大漲的看法——每到年初時都會提到的動態——受到嚴酷打擊。這樣的例子不勝枚舉。在我們開始討論第一次世界大戰前的那四年、有些不明確的股市走勢之前，在這裡說明股市晴雨表早在十二年前就準確可靠地發揮其用途就足夠了。

第十五章

曲線與實例

A "LINE" AND AN EXAMPLE—1914

　　股市晴雨表，是若干經挑選的工業股與鐵路股的每日收盤「報價」平均指數紀錄，分成兩個類股以彼此查核及驗證；在前面的相關討論中，重點一直放在所謂的「曲線」。不用說，從單日的交易無法得出有價值的推論。無論交易量多大，都無法顯示整體趨勢。這種每日波動在道氏平均指數理論的定義中，只是最不重要的第三種股市動態。想像一下海洋每日不規律的潮汐運動，差不多就是那個樣子。整體的海平面不會因為芬迪灣（Bay of Fundy）一波異常高的浪潮而改變，或者因為中國某條河流出口的

潮湧而改變——海洋的漲落需要時間。

▶ 定義

因此，我們或許可以將「曲線」視為：通常是出現在大熊市出現一波可觀的反彈之前，或者大牛市出現一波明顯下跌走勢之前，極罕見的情況也可能出現在主要趨勢可能轉折之前。這條曲線不是籌碼集中線就是分散線，或者有一度買賣的力道勢均力敵，這一點差不多可以當成不證自明的公理。在平均指數的歷史上出現過一些非常顯著的曲線，我們已經分別指出了它們的含義。

▶ 預測戰爭

為了證明以平均指數作為晴雨表的特殊價值，甚至可預測華爾街本身都不知道的事（或至少並不了解的事），我們在這裡提出來的是第一次世界大戰爆發前，一九一四年五月、六月，及七月，工業股與鐵路股兩種平均指數形成的特殊曲線。再也找不出比這更嚴苛的考驗了。這場戰爭令全世界震驚。股市預測到了嗎？我們可以公平地說，

股市在七月底之前就預測到了，或者預測到性質十分重要的問題，而德國軍隊是在八月三日至四日入侵比利時的。

我們不要忘了，從一九一二年十月起，股市就進入主要熊市趨勢。到了一九一四年五月，兩種平均指數開始出現長度異常的曲線。鐵路股的波動在103點與101點之間，工業股在81點到79點之間。只有在六月二十五日，鐵路股曾經跌到100點，發出了警訊，但隔天又再次拉回。兩種平均指數的曲線保持連續性，鐵路股一路延續至七月十八日，工業股則持續到七月二十七日。就在七月二十七日，即德國軍隊入侵比利時的八天前，工業股驗證了鐵路股所發出的警訊。

▶「曲線」的定義

以下的表格，擷取了一九一四年五月一日到七月三十日的數字，可用來解答許多問題。這條曲線和平均指數記錄的其他曲線一樣，應該是一條籌碼集中線或分散線。在四月底時，熊市已持續十九個月，合理的推測是，如果沒有戰爭，這應該證明是一條籌碼集中線，接著就是一輪始於十二月的牛市行情，緊接在證交所恢復營業之後。

一九一四年五月一日起至證交所停業期間的平均指數

（每個數字代表二十檔鐵路股與十二檔工業股，在每一個完整交易日的平均收盤價）

鐵路股平均指數

五月

102　102　102　102　102　102　103　103　103　103　103　103　103　103　103　103　105
101　　　　　102　102　101　101　102　103　103　102　102　102　103　102
102　102

六月

101　102　102　102　103　103　103　103　103　103　103　102　102　103　102　101　100
103　102

七月

102　102　101　101　100　100　100　100　99　98　98　97　97　97　96　95　94　93
101　101　101　100　98　98　97　94

工業股平均指數

五月

六月

七月

這張表格還解答了有關曲線範圍或幅度的問題，曲線的範圍或幅度理論上當然可以無限延長，以本例來說，工業股持續超過六十六個交易日，鐵路股達七十一個交易日。我們可以看出工業股的最大波動範圍是3點，比較穩定的鐵路股則是4點。曲線證明是籌碼分散線，而且市場上的股票十分飽和，因此證交所做出了自一八七三年黃金恐慌以來，第一次停業。

▶ 究竟是怎麼一回事？

究竟是怎麼一回事呢？當時，持有美股的德國人，以及消息最靈通的歐洲銀行家，已經在美國市場拋售持股。如果沒有發生戰爭，這一切就會由美國投資人以熊市中盛行的非典型低價全部吸收掉；這一波熊市到了一九一四年已經進行了二十二個月，事實上，美國投資人還是在第二年把這些股票全部消化掉了。

當時來自歐洲的資金供應，以及後來隨著戰爭迫使外國持股人變現股票，加上戰爭貸款又迫使其他投資不得不清算變賣，於是華爾街透過集中機會和存款、並將兩者結合起來創造新的投資證券，這正是華爾街的職責。政府對

鐵路公司的過度管制，如今已經看清楚這是一種經濟犯罪，但早在戰爭發生之前許久，那項政策卻癱瘓了鐵路公司創造新資本的能力。

在那場大災難出現的前五年，大眾的注意力都轉移到了工業機會，其中有部分帶有危險的投機性質，就像通膨時期可疑的石油股票促銷。要是沒有外國持股人拋售美國證券和戰爭的爆發，實際上將美國從債務國變成債權國，大概會缺乏籌募資本的機會；而這也是為什麼七月底形勢明朗的大跌之後，證交所於十二月重新開張時只有相對小幅的跌勢，隨即就進入一波牛市大行情。

▶「曲線」與成交量的關係

知識之所以珍貴，不僅在於它告訴我們該做什麼，還在於它告訴我們要避開什麼。所謂的「內幕消息」，在華爾街是危險的商品，特別是若你以此進行交易的話，但至少知識可以讓你防備那些不合理的謠言。勤奮地研究半均指數將足以證明，確認為籌碼集中線的「曲線」，會給予明確的訊息，不但對交易商有用，對於視股市為預測美國總體商業趨勢工具的人來說，更有重要價值。

現在，就是一個引入「成交量」知識的適當時機了。成交量的意義其實沒有一般認為的那麼重大。成交量完全是相對的，在某種市場供給狀態下的「大成交量」，對於另一個十分活躍的市場極可能是微不足道的。只要平均指數曲線意味著市場還有吸收能力，那麼無論市場的供給是30萬股還是300萬股，都會被全部消化。

陣雨在不同地區、持續時間，以及強度都不同；但都是因為空氣中的濕氣達到飽和點。

雨就是雨，無論覆蓋範圍是一個縣還是一個州，時間是持續五小時還是五天。

▶ 如何確知牛市？

或許有人要問：當次級走勢，例如「次級漲勢」，發展成主要的牛市行情，我們要如何分辨呢？其結果可以從平均指數呈現一連串的「之字形」軌跡中看出來。如果是一般主要熊市行情告終之後，出現小幅的次級回檔，但是並未跌到前次低點，而且隨後的反彈有超越前一波漲勢創下的新高點，我們就有把握認為，已經形成一輪新的主要牛市行情，只是時間無法確定。晴雨表當然不可能預測走

勢的時間長短，就像無液氣壓計無法在十月三十日時，告訴我們選舉日的天氣。

▶ 晴雨表的局限

我們沒有必要期待無液氣壓晴雨表無所不知，就我們所知，無液氣壓晴雨表常常預測錯誤，就算沒有預測錯誤，水手也認為它是最不可靠的參考指引。這一點對股市晴雨表來說也一樣，我們必須聰明地解讀它。

X光片給我們這個時代的外科與內科醫生帶來很大的幫助，對人類生命與舒適帶來長久的利益。但是這些醫生會告訴你，X光片必須交由專家去解讀；對那些不習慣經常使用X光片的一般執業醫師來說，可能難以理解它或者會造成誤診。

舉例來說，X光的結果顯示病人的牙根出現膿包，這在外行人甚至是一些牙醫看來沒有什麼意義。但是任何牙醫都能設法獲得解讀這些跡象的能力，因此，我們認為任何聰明的門外漢，若對股市走勢抱有興趣，也能試著學習解讀股市晴雨表，但絕對不能有投機的心態。

▶ 投機的必要與作用

華爾街對許多人來說是個謎，這些人缺乏知識，嘗試投機卻不成功，只是讓他們更加相信自己是在幾乎等同於賭博的遊戲中上當受騙了。這些章節的目的並非討論道德倫理問題；例如投機的道德性，或是區分投機與賭博的界線，或是賭博在「十誡」中的位置，或是所謂「賣空」的特殊罪過。

筆者的看法認為，在能力範圍之內的投機，不涉及任何道德問題。或許這只是換一種說法，表示投機的道德性不在話下，就像假設商業經營要合乎法律一樣。如果這個人選擇以投機作為事業（或事業的一部分），道德問題就成為純粹的理論問題。

投機是國家發展最重要的基本要素之一。激發投機的精神，可以用更美好的詞彙來形容，例如冒險精神或進取心。當然，如果沒有人願意承擔投機風險，賺取比單純投資更大的獲利，美國的鐵路線大概就會止於阿勒格尼山嶺東麓的山腳下，而我們兒時地圖上所稱的「美洲大沙漠」、如今的小麥及玉米生產大州，就會仍是一片茫茫沙漠了。

吉卜林曾說，如果英國軍隊總是在等待救援，那麼大

英帝國將止於馬蓋特（Margate）的海邊。

　　股市或者任何自由市場都有投機者存在，這是事實而非理論。投機者就是不期待獲得救援的萌芽期投資人。如果美國放棄自由市場、以及必然會有的自由投機活動，這對美國來說會很糟糕，也是象徵美國停止成長、開始萎縮的跡象。

▶ 困難但並無不公

　　「外部投機者只要持續交易的時間夠長，他肯定會在華爾街賠錢」，這個說法並不正確，因為筆者（我並沒有用保證金帳戶進行交易）就能舉出無數例證，證明情況正好相反。但是如果這個人打算在一場需要資本、勇氣、判斷、謹慎，以及辛苦研究取得資訊的較量中立於不敗之地，他就必須像從事其他事業一樣投入全神的關注。

　　就華爾街來說，「博弈遊戲」的比喻一直都是個拙劣又引人誤解的比喻。但我們可以說，對那些遇上行家時不願、或不能遵守遊戲條件的人而言，在華爾街的交易純粹是一場賭博，情勢對莊家（且不需要欺騙耍詐）絕對有利，但對這樣的玩家不利。沒有人會在還沒學會如何叫牌、如

何從牌局中得出正確推論時，就跟高手玩競叫橋牌——處於劣勢的玩家就算只是出於對潛在搭檔的慈悲，他也會克制忍耐，不會冒險。但是，不願意拿自己和搭檔的錢那樣冒險的人，卻毫不遲疑地到華爾街進行投機，那他賠錢會讓人意外嗎？

▶ 誰造就市場？

這裡似乎很適合回答一個可說是直指本質的問題——「究竟是誰造就了市場？」是市場操縱者嗎？是發行新證券流通的大型銀行機構嗎？是證交所場內的專業交易商嗎？還是對著報紙記者炫耀自己的獲利、向國會委員會大談自己如何賺錢、卻隻字不提自己虧損狀況的個體「大操盤手」嗎？當然不是。

市場自始至終都是由全美國的儲蓄與投資大眾造就的。當投資大眾的綜合智慧發現，基於價格、利潤，以及成交量即將下跌，應該縮減涉入市場程度時，沒有任何金融集團可以操縱一波牛市，不管是靠宣傳還是靠其他任何方式。專業操縱者能做的，最多就是在大眾看法贊同之下，刺激特定股票的活躍程度，或刺激市場上某一小撮價

值已經在上揚的股票。

　　我們聽過已故的詹姆斯‧基恩在一九〇一及一九〇二年，針對美國鋼鐵公司或聯合銅業的成功操縱；但是還有無數次企圖操縱股票分配的行為，因為市場整體趨勢造成這種操作既危險又無利可圖而宣告放棄，我們對此卻一無所知。大型私人金融機構通常是證券的銷售方，因為他們的業務就是製造證券、推銷新的企業，以及將大眾資本的龐大儲藏導向這些管道。華爾街的個別資本家為了私人投資而買進，而從申請公證的遺囑中就可以看出，許多消息十分靈通的人也會犯下這種令人難以置信的判斷小失誤，例如已故的JP摩根或哈里曼，就是其中兩個例子。

▶ 投機的合理根據

　　我們先前說過，股市會以具體明確的方式，表現美國國內商業狀況的所有認識，順帶還會加上鄰國的商業概況。當一個人發現自己的零售業務或工廠出現盈餘，通常會將盈餘投資在方便轉讓流通的證券上。如果這種改善是全面性的，就會都反映在市場上，而且也在市場的預期當中。他們可以在七月份根據自己在年底分配利潤時的即時

支付能力，使用大量的保證金交易來買進股票。但是，他們不會等到年底才進場，因為他們知道自己在七月所擁有的消息，到了年底時將會人盡皆知，同時反映在股價上。

也就是說，他們會在股價看起來更便宜時買進，正如同他們會在原物料更便宜的時候為自己的工廠提前採購一樣。重點是要注意，這就是「市場氣氛」（sentiment），這個詞源自於拉丁文的動詞sentire，意思是「藉由感官與心智來感知、感覺、思考」。這絕對不是指「感傷主義」（sentimentalism），這在華爾街是不鼓勵的。

▶ 市場氣氛

華爾街知道「市場氣氛」是什麼。那是高度冒險、大膽進取，為崇高的目標而付出努力。就是這種氣氛帶著布恩（Daniel Boone）[1]穿越阿帕拉契山脈，並帶著那群遠征英雄在一八四九年穿過落磯山脈隘口。這種精神是我們從莎士比亞時代的祖先繼承而來的。

我們的祖先懷抱著那樣的精神闖蕩茫茫大海，對抗西

1　十八世紀美國探險家，一七七五年，布恩成功通過阿帕拉契山脈的坎伯蘭峽，開通了日後被稱為荒野之路的通商路線，最終使肯塔基聯邦加入美國聯邦之中。

班牙艦隊，並以他們的「童貞女王」（Virgin Queen）伊莉莎白一世，給不知名大陸上的一個大殖民地命名——維吉尼亞州（Virginia）如今依舊存在，但就像詩人奧斯汀·道布森（Austin Dobson）吟誦的，以及海軍上將喬治·杜威（Admiral George Dewey）會問的，「西班牙艦隊今何在？」這種精神是國家發展的生命泉源，不要與感性規定的「官定州花」、「微笑週」，以及情感氾濫的「母親節」混為一談。對說英語的民族來說，這個概念在很大的程度上是為了偉大的時刻而存在的，就是這種精神，率先給拯救民族的無名士兵舉行國葬，在西敏寺豎立紀念石碑。[2]也是這種精神，讓整個倫敦在停戰協議宣布之後屏聲靜氣——一九一九年十一月[3]，那普天同慶的兩分鐘，我就站在倫敦市長官邸街角。那的確是令人動容的一幕，讓鐵石心腸的報社記者都熱淚盈眶。

股市中重大的價格波動，並非由真知灼見者的選擇、甚至是由個別領導人的選擇而決定的結果。那是更加宏大深遠的東西，至少對於在華爾街內外有過親身經歷的人來

2　位於倫敦市中心的西敏寺中，埋葬著一位在一戰中犧牲的無名戰士。
3　歷時四年三個月又兩週的第一次世界大戰，在一九一八年十一月十一日正式宣告結束，翌年，英國政府宣布將每年的那一天，訂為「國殤紀念日」。

說是如此。

「睿智之人如此脆弱，偉大之人如此渺小。」

第十六章

證明規則的例外

AN EXCEPTION TO PROVE THE RULE

　　諺語，可以說是眾人的智慧加上個人的機智。有時候，喜愛爭論的人認為諺語不合時宜，就會說諺語是金玉其外的泛泛之論或老生常談。有位法國哲學家告訴我們，所有的概括之論都靠不住，「包括我說的這一點。」但是老生常談大抵是正確的，即使陳腐俗套。

　　有人說，所有的規則都有例外，但是當例外的數量足夠多時，就有必要制訂新的規則，特別是經濟學。對我們來說，最適用的諺語，就是「指出例外證明規則」。儘管柯克（Coke）的「例外根據例外證明規則的存在」（Exceptio probat regulam de rebus exceptis）並不符合我們的需求，但這句諺語中「例外可以反證規律」的說法很適合本書的目的，因為對於或可稱為「股市平均指數一大例外」來說，這個諺語幾乎是出奇地正確。

鐵路股與工業股兩種平均指數必須互相驗證，從股價波動得出的任何推論才有份量。平均指數所顯示的股市多年歷史，確鑿無疑地證明兩種指數走勢同步。但是這條規則有個例外，而且對我們來說更有價值，因為這個例外證明了我們確立的規則。

▶ 必要的歷史知識

研究這個問題的有趣之處在於，要解釋價格波動的意義就有必要回顧一下當代歷史，因為這個意義通常要在走勢進行數月之後，才能徹底明朗。

一九一八年，第一次世界大戰進行大約九個月後，兩種平均指數顯示的都是重大牛市，並在當年年底有一波強勁的次級回檔。那一年裡，鐵路股完全跟上了那一波漲勢，但隨後就被拋售，幾乎在一九一九年工業股最強勁的時候，出現鐵路股的熊市。本系列文章刊登期間，有讀者

來信就引用這個眾所皆知的事實為理由，駁斥這個以平均指數為基礎的理論。但如果有例外可以證明規則，這一條就是了。

別忘了，平均指數採用的工業股與鐵路股本質上是投機性的。為了固定收益而持有這些股票的人有限，對這些持股人來說，本金的安全應該是主要考量，而且這樣的持有者時時在變動。如果這些股票沒有投機性質，對股市晴雨表就沒有用處。一九一九年間的鐵路股，為什麼沒有跟著工業股進入牛市，原因在於政府的所有制及政府擔保下，鐵路股至少有一段時間失去了投機性。無論是在牛市還是熊市，鐵路股的價格漲幅都僅能反映政府擔保的預期價值。

● 有缺陷的晴雨表

因此，至少有一年的時間，以平均指數作為晴雨表只有往常一半的價值，或者還不到一半，因為工業股的走勢，缺乏投機性鐵路股的相對走勢做基本驗證。下圖將清楚說明在那段期間，鐵路股跟隨的並非投機市場，而是債券市場。除了政府擔保之外無法期待更多，除非眼光長遠

1918-1920 年道瓊平均指數與債券走勢

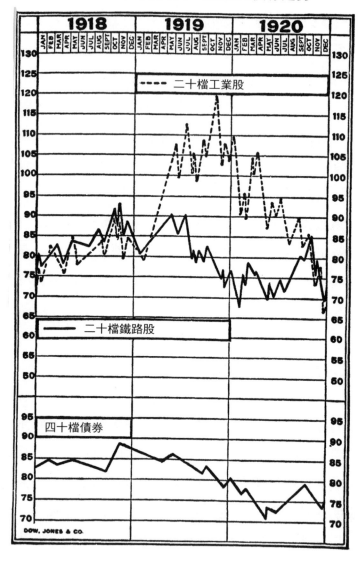

二十檔工業股

二十檔鐵路股

四十檔債券

DOW, JONES & CO.

的持股人可以預見，政府所有制造成的龐大浪費及後續的崩潰，破壞了鐵路業的獲利能力。

這張圖也顯示在政府所有制期間的鐵路股，其走勢先是偶然地與投機性的工業股相似，但由於兩者走勢的原因不同，只能反映政府擔保所認定的價值；而後鐵路股重摔，接著反彈，股價走勢基本上由完全不同的情況支配，而這些情況在債券方面特別明顯。

▶ 重要的股債區別

這裡有必要指出來，債券與股票之間的根本差異。股票是一種合夥義務（partnership obligation），債券則是一種債務、一種抵押、一種順序比股票優先的責任義務。

股票持有者是企業的合夥人，債券持有者則是公司的債權人。債券持有者將自己的錢借給公司用於固定資產，例如鐵路公司的不動產或製造商的廠房。但是債券的本質是，其投機性質對持有者來說是次要的，或者根本不存在的。持有債券是為了所得回報。價格波動完全根據所得的購買力。當生活必需品的成本低，債券的價格就高，隨著生活成本上揚，投資債券的價格就會下跌。我們很容易以

為，債券價格受到貨幣價值控制，但這往往引人誤解。利率每天波動，只有藉由長期債券的發行條件，才能了解長達數年期間的貨幣行情，而這最多也只是粗估，而且常常出錯。

▶ 給外行人的定義

最簡單的說法是，固定收益證券的價格與生活成本成反比。如果生活成本高，債券或其他固定收益證券的價格就低，而以美元計價的帳面收益就大。相對的，如果生活成本低，固定收益證券的價格就高，以美元代表的帳面收益也會相對應的變低。

▶ 政府擔保的影響

所以很顯然，由於政府根據截至一九一七年六月三十日止的三年平均利潤擔保鐵路公司的最低收益，鐵路股就歸入了「固定資產類別」。如果繼續保持投機性質，沒有政府擔保也沒有政府所有制，價格波動就不是受到生活成本支配，而是受到公司本身獲利能力的影響，而且主要是

預期的「未來獲利能力」；就像我們反覆提出的，股市反映的並非是當下的情況，而是集合全國上下智慧所能預見最遠將來的情況。

我們就來看看一戰時期的歷史對鐵路股的影響。在一九一七年春天美國宣布參戰時，政府與鐵路公司之間的協議完全是試驗性的。就持股人所知，他們的投資依然是投機性的，因此仍出現投機性的走勢。政府明確接管全國鐵路的聲明，一直到一九一七年耶誕節後才發布，而股市當天沒有時間反映鐵路所有權變更的消息，但是到了隔天十二月二十七日，二十檔活躍的鐵路股平均價格收在78.08點——較前一天收盤價上漲至少6.41點。雖然華爾街在此之前一直認為政府會預支款項以用於到期債務和資本改良以增加鐵路投資，但是在不到兩天的時間裡，華爾街才認真考慮鐵路永久被政府接管一事。

在政府發布聲明的那一天早上，紐約一家支持威爾遜政府[1]的報社刊出一篇報導，大意是政府接管鐵路公司的計畫，將會以鐵路公司五年內的平均淨收益為基礎，做出接管鐵路的賠償。我們無從探知威爾遜先生的內心想法，

1　時任的美國總統為伍德羅・威爾遜（Woodrow Wilson）。

但是從那時起有一段很長的時間，大家都認為這個變更鐵路所有權的目的，實際上就是要讓鐵路永久收歸國有。

▶ 平均指數如何出現分歧？

　　從前述那張圖可以看出，第一次世界大戰期間的第一波牛市，在一九一六年十月告終，隨後出現熊市行情，一九一八年間則又出現反彈漲勢；在這一波反彈期間，鐵路股平均指數隨著工業股穩定上揚。但是從那時起，持股人的命運就受到政府管理與擔保的左右，兩種平均指數自此分道揚鑣。

　　鐵路股的走勢在一九一八年十月來到高點，工業股的牛市行情卻到一九一九年十一月才進入尾聲。在一九一九年接近仲夏時，鐵路股在爆出政府擔保的第一波猛烈買盤之後，先是重挫，隨即有些反彈。但是從那時起又穩定下跌；工業股卻是出現重要漲勢，直到一九二〇年開始才進入重挫走勢。一九二〇年時，鐵路股的走勢與下跌的工業股背道而馳，同年秋天，鐵路股一路走高，與一路下探的工業股出現交叉。債券同時間則出現足以相互驗證的復甦走勢。

▶ 埃施—康明斯法案

我們可以看到，鐵路股在一九一九年的跌勢及一九二〇年的復甦，幾乎與四十檔代表性債券、那兩年的每日平均價格走勢平行。我們還會注意到，這種走勢與當時生活成本的上升（通貨膨脹），以及後來的生活成本下降（通貨緊縮）緊密相關。

一九一九年的春季與夏季，威爾遜先生遠赴歐洲時，頻頻有報導指出，他對政府所有制出乎意料的高成本和缺乏效率感到失望，以及他會盡早尋得機會，將鐵路歸還給民間業主。我們有理由相信他期待（或至少希望）能在一九一九年八月一日左右將鐵路回歸私有，並期望國會屆時已經通過適當的法律——當時國會正忙於「埃施—康明斯法案」（*Esch-Cummins Act*）[2]，即如今所稱的「運輸法」（*Transportaion Act*），但該法案拖過了夏季與秋季，眾議院直到十一月十六日才通過。也就是在那時，或者在十二月初，總統明確宣布將在隔年一月一日歸還鐵路的經營

---

2 一九二〇年美國國會通過的法案，規定一戰期間收歸國有的鐵路公司重新回歸私有化經營，並鼓勵鐵路公司進行合併，由州際商業委員會監管並保證其獲利。

權。但參議院一直到一九二○年二月底才通過埃施－康明斯法案；於是總統不得不將原先安排的時限延長兩個月。

▶「管制解除前」的賣點

但是，在九個多月前的一九一九年五月，鐵路股平均指數正創下「雙重頂」的第一個頂點，並在七月完成第二個頂點。《華爾街日報》表示，這些鐵路股面對令人沮喪的獲利報告依然走勢強勁，或許是因為開始出現「管制解除前」（ex-control）的賣點。

毫無疑問，從七月進一步反彈後到一九二○年的早期低點，這一波跌勢是因為「政府所有制」造成驚人的損害，政府所有制在多數情況下，營業成本會提升到高於營業收入——管理階層精於政治卻疏於財務，使得主要支出項目「薪資」，上漲到不合常理的水準，鐵路所需一切的成本也加倍增長。戰時政府成了唯一買方，卻將緬因州的鐵路枕木價格，從每根三十七美分哄抬到了每根一‧四○美分。另外值得注意的是，關於私營鐵路公司自負盈虧所必須大幅提高運費的問題，當時還處於討論階段，州際商業委員會直到錯過了有效時機才通過提高運費的提案。

▶ 本質差異

聯邦政府對鐵路的控制，實際上是在埃施—康明斯法案簽署的兩天後、一九二〇年二月二十八日才結束，不過，該法案將聯邦政府的補償又延長六個月，同時成立勞工委員會，並制定運價釐訂條例，提交6％的淨收益給州際商業委員會。鐵路運費直到八月才上漲，但華爾街已知道運費勢必會上漲，而且照例在一預見有這個狀況時，就加以反映——以這個例子來說，是將近六個月前。

在考慮戰爭對商業及生產的影響時，最好先確定這次戰爭與其他戰爭造成的情況差異有多大，不管是本質或者僅是程度的問題。這次是本質上的差異。沒有其他類股的助力，工業股獨力創造了牛市行情——那是從前不曾有過的經驗。

我們將重點放在這個根本差異，以及產生的原因，因為除非徹底解釋清楚並理解透徹，否則未來的教師與研究者（就和現在的讀者一樣，都是本書討論內容企圖訴求的對象），在面對可視為無法化解的困難與歧異時，難免會感到困惑且氣餒。關於這一點，還有另一個例子可提供做類似的深入測試。

▶ 判斷能力與幽默感

我們沒有必要愛上自己的理論，或是像任何時尚的愛好者，透過虛妄的觀點觀察。如果你拿著一枚銀幣伸長手臂，可以看出銀幣與周遭物體的正確關係。但如果拿得太靠近眼睛，銀幣和周遭物體的關係就會變得扭曲而誇大，而且你還可能因為拿得太近而看不到其他東西。但願我不必努力創立一個經濟學派，準備誓死捍衛世界順著平均指數理論蹣跚前進的論點。

我們不打算號召信徒。我們可以原諒學派的創立者，卻很少能諒解學派。所以，我們就將股市晴雨表放在眼睛可清晰看見的距離，以免認為晴雨表的重要性超出它預測的天氣。我們有完善的理論可依循，否則本章及先前的章節就白寫了。千萬不要像許多統計學家一樣過分執著。就算是最優秀的科學家，也容易過度熱愛自己的假說，結果顏面盡失。

偉大的綜合哲學家赫伯特‧史賓塞（Herbert Spencer）曾對已故的赫胥黎教授（Professor Huxley）說：「你大概不會相信，但我本人寫過一齣悲劇的開頭，至少還有大致的架構。」

「我完全相信，」赫胥黎說。

「我還知道故事情節。就是一個十分完美的理論，是如何被一個小小的醜陋細節給扼殺了。」

▶ 數據對於預測的重要性

我們總覺得有些遺憾，因為查爾斯·道幾乎沒有明確闡述他的市場走勢理論，也幾乎沒有從他的理論中引申出任何明確的推論，更不用說透過應用這個理論，總結出任何實際有用的真理。令我們驚奇的是，他以當時能找到的貧乏資料，竟能做出那樣的成績。

道氏在一九〇二年的下半年過世時，平均指數的成分股只有十二檔（目前平均指數中的二十檔工業股，只有六檔是當時的指數成分股）。在那之前的十年，根本不可能找出數量足夠、有代表性且始終活躍的工業股來編成指數。舊的平均指數還沒有目前的雙重形式優勢；真希望我能舉出遠至一八〇六年、至少有十五檔個股的單一指數市場走勢案例。

我們知道有兩種平均指數互相糾正及驗證的重要性。但是在麥金萊勝選連任時，卻有必要將西部聯合鐵路

（Western Union）納入鐵路股平均指數，因為始終活躍的股票數量不足。我們無須輕視先驅者，或者過度讚美他們。他們必須為自己開疆闢土，並湊合出自己的工具，而我們受益於他們的經驗，最後的成果卻往往少了創意、也少了誠意。

第十七章
晴雨表最有力的證明

ITS GREATEST VINDICATION—1917

如果一九一七年的股市沒有出現熊市行情，那麼本書所討論的一系列內容大概永遠也不會出版了。我會因此認為從市場走勢所反映的知識與消息總和，得出的推論只是經驗之談，或者是根據不充分的假設。我會說，基於某種難以理解的理由，股市無法看到美國之外的狀況。市場無法對國際事務採取明智又自我保護的觀點，似乎是相當顯而易見。市場研究結果的價值，可能和十字路口雜貨店的蘿蔔價格波動差不多，因為我們推理鏈的可靠程度，取決於股市最為薄弱的環節。但是從一九一六年的十至十一月

起，有一波重大熊市行情，一直持續到隔年十二月止，這或許可稱為晴雨表的最有力證明。

▶ 戰爭的不確定性

那些魯莽的批評者未能理解這些討論中反覆提到的原則——分析股市的三種走勢及對未來事件的影響——其中一位批評者問：為什麼市場在一九一七年做了重大熊市行情的警告，然而商業圖表卻依舊呈現當年與隔年蓬勃繁榮？巴布森圖表中代表業務良好的黑色區塊，從一九一五年下半年到將近一九二〇年底，為什麼一次也不曾低於修正的成長線呢？

難道一戰爆發後的前幾年裡，美國商業發展沒有出現過剩嗎？難道美國商業沒有為戰爭提供軍需嗎？難道我們沒有接受以借據（IOU）還款的方式，為軍隊提供飲食與軍備嗎？我們不是還有數十億美元的未償還借據嗎？其中的一些欠款，難道永遠不可能收回嗎？

以上這些是需要牢記的重點，但是一九一七年為什麼會出現熊市，除了股市並未失去理智，也沒有拿戰爭期間所賺取的利潤，抵消過去與未來外國顧客遭破壞的事實。

此外，還有一個具體的理由。在那一整年裡，戰爭一直是個撲朔迷離的議題——市場知識的總和並未排除德國最終獲得勝利的可能。

　　一直到一九一七年年底，股市晴雨表才開始預測協約國將獲勝。那年十二月形成的牛市，提前十一個月預料到停戰，並提早六個月預料到德國最後一次巨大攻勢的失敗。無論我們如何相信正義必定勝利，我們在一九一七年都期盼願望成真。當時結束的熊市是一種保險手段。對於無法分辨不同種類「繁榮」的人，沒有什麼意義。那是所有股市走勢中最理性明智的一種，足以證明市場的遠見高於我們先前分析的一切。

▶ 如果是德國獲勝呢？

　　許多讀者肯定會問自己，如果德國及其盟友獲得第一次世界大戰的勝利，這個世界會變得怎麼樣呢？許多人肯定會認為這種可能性太可怕而不願多想。憑良心說，目前的情況就已經夠糟了。但是當法國被擊垮、比利時被征服、義大利進入無政府狀態、英國飽受摧殘、破產且自顧不暇、商船又被摧毀，這些國家會變成什麼樣子？假如德

國獲得勝利，還因此向世界各國索取數千億的賠償，情況又會如何呢？我們會願意在加勒比海多一個那樣的鄰居嗎？有的國家四分五裂，或者有新的國家誕生（有些可能是偽政權），這會產生十分嚴重的結果。如果大英帝國從此一蹶不振，這個世界又會怎麼樣？

這樣的可能性會讓那些即便心性最堅強的人都感到膽怯，但股市在一九一七年卻勇於面對這種可能性，並逐一分析上述那些問題。席姆斯上將（Admiral Sims）[1]曾告訴我們，協約國自己私下都承認當時情況十分危急。儘管美國在一九一七年春天在幾乎毫無準備的情況下參戰了，但一直到那一年的年底，美國的援助才開始發揮作用。當時，股市並不知道（也沒有人知道）美國是否應該那麼晚才加入戰局。

毫無疑問，我們可以選擇自保，但是如果我們不能成功解救盟軍，股市就必須要為這個後果採取預防措施。我們在稍早的討論中提過，除了考慮資訊最完備的情報部門，用以選來編製表格與分析的資訊之外，股市還考慮了許多其他因素。

1　美國海軍上將，在第一次世界大戰中擔任美國海軍在歐洲的最高指揮官。

誠實編輯這類紀錄的編纂者絕不會認同，股市走勢的預警作用僅限於反映美國一個國家未來的商業概況。

▶ 英國的國債

我們將另闢一個章節，專門討論一九〇八至〇九年的牛市之後、到戰爭所帶來的榮景之前，那段不景氣的商業萎縮時期，這將會很有啟發性。

戰爭爆發前出現的熊市，與這場顛覆了所有計算結果的戰爭之間存在著明顯的關聯。這場戰爭造成的影響如此巨大，以至於我們至今還無法在歷史中找到先例。不過，我們倒是可以從歷史上那場長達四分之一個世紀，最後以一八一五年滑鐵盧之役告終的拿破崙戰爭[2]中，找到類似、不完整的例子。

如果我們接受「事件持續的長度，多少可以抵銷其強度」的概念，並以衝突的相對規模和人口、國家財富做對照，大概可以找到比一些觀察家認為「更類似」的案例。

2　意指拿破崙稱帝統治法國期間所爆發的各場戰事，被視為是一七八九年法國大革命戰爭的延續。

就我所知，有一個重要的例子並未在其他地方提到過。那就是經歷拿破崙戰爭的龐大損失之後，英國所欠下的國債。當時英國的債務（一八一五至一六年），相當於國家財富估計值的31.5％。在那一個世紀的大部分時間、以及維多利亞女王漫長的統治期間，債務逐漸償還了，直到波耳戰爭（Boer War，一八九九至一九〇二年）[3]爆發前，英國國債占國家財富的估計值比率已下降至略高於4％。

用整數來看，波耳戰爭導致英國付出約十億美元的代價，並將債務占國家財富比率提升到6％以上。在一九〇二到一九一四年間，儘管生活成本穩定提高且稅收成長，英國國債再次下降，但是並未達到一八九九年時的國家財富低占比。

英國目前的國債估計約為國家財富的33％，比拿破崙戰爭（從一七九三年持續到一八一五年，中間有三年停戰）結束時的比率高約1.5％。這個比率無疑高得驚人，但是遠遠還不到令人絕望的程度；而這也是為什麼戰爭期間在所有貨幣都貶值的情況下，英鎊兌換美元的信用卻相

3　英國與南非波耳人所建立的共和國之間的戰爭，歷史上共發生兩次波耳戰爭，此處意指第二次波耳戰爭。

當不錯的基本原因。

▶ 我們的責任

　　一九一七年，股市問自己：如果德國贏了戰爭，英鎊以及其他一切會如何呢？如果德國的印鈔廠一直在加班印製馬克，而且萬一在一九一八年春天發動的反擊成功了，那麼今天在協約國流通的會是哪一種貨幣？我們經由分析而確信，股市晴雨表的基本特質在於它有先見之明。當我們還在用帳面利潤、薪資上漲，以及物價通膨來欺騙自己，有什麼例子比這一波有利股市健康的熊市，更能凸顯股市晴雨表的遠見之清晰明確呢？

　　在一九一六年頒布的《亞當森法》（ *Adamson Act* ）中，我們賦予工會調漲薪資的權力，卻沒有得到提升相應生產力的保證，面臨總統選舉在即，國會企圖收買選票，聲稱出於仁愛之心，希望縮短工作時數以提高鐵路旅客安全，哄騙要為之買單的美國消費者和納稅人。

　　《亞當森法》當然並非意味著工作時數縮短，而是提早工作時間，而且還要工人多加班。鐵路工人的工作時數其實是拉長了；該法案完全是出於保障他們的利益，將工

作時數的法定上限拉長到最多十六個小時。我們現在知道這對每個行業領域的其他勞工，有打擊勞動積極性的不利影響。有了這樣的先例，任何薪資要求都不算太荒謬，於是，在美國一九一七年初參戰之後，這便造成對經濟的掣肘——幾乎所有美國的製造商都嘗到了國會可恥讓步的惡果，消費者自然也無法置身事外。

▶ 勞動力摻水的意義

在本書第九章，我曾提及「勞動力摻水」的破壞力，遠非資本摻水所能比擬的。要不是有這樣的稀釋，我們幾十億美元的國債大概無法扣減到彷彿不曾發生。

戰爭期間，緊急艦隊公司（Emergency Fleet Corporation）的總經理皮耶茲（Piez）估計，由於個人產出減少及薪資增加，勞動效率已經下降到危險的地步，而薪資上漲的唯一理由，正是薪資本身自然造成的商品價格上漲。皮耶茲表示：

「勞工在戰爭期間蓄意怠工。大西洋海岸的船廠工人領取二美元薪資的工作時間，一年前（一九一六年）只有

一美元，但是個人產出卻只有一年前的三分之二。」

蓋伊·莫里森·渥克（Guy Morrison Walker）[4]在《凱撒的物當歸給凱撒》（*The Things Are Caesar's*）一書中引述皮耶茲的說法，表示美國參戰期間的單位生產成本，只有戰爭初期的三分之一。他推測美國的國債為二百四十億美元，扣除協約國向美國欠下的借款一百一十億美元，仍有一百三十億美元，其中有很大一部分（可能有一半）是勞動力摻水造成的。

但我們也要記住，美國提供給協約國的貸款，並非全然是以現金支付，還有一部分是支付其軍需品，而勞動力是其中成本最昂貴的項目，也有同樣比率的水分。

勞動力摻水不僅指現金薪資，更多在於怠惰、卸責，以及工作表現不佳。如果將所有被無情的股市從企業資本中擠出的水分都去除，得到的總額應該不會有這樣可恥的摻水勞動力，然而未來五十年，我們及我們的子孫卻必須為此支付利息。

4　二十世紀初期的美國作家。

▶ 偷工減料的代價

要指出資本中的「水分」，大多是有名無實的並不困難。相較於勞動力摻水造成的損失不可挽回，資本摻水鮮少意味著任何人有實質損失！當我們從這些水分中扣除戰時繁榮景象中虛長的三倍價格之後，統計圖表記錄戰時那五年中的工業與商業活動的表現必然無法令人滿意——每一張偽造的美元都必須以真正的美元償付；偷工減料或懶惰怠工浪費的每一個小時，都必須以紮紮實實工作的一小時來償還。

▶ 二次通膨及之後

若是我要預測股市的下一波重大牛市行情，以及可能出現二次通膨的程度（很可能比戰時的通膨小，但趨勢已相當明顯），那麼我會拿英國在滑鐵盧戰役結束之後的那六年來做對比。

英國央行在一八二一年重回金本位制，黃金溢價隨之消失。歷來自欺欺人的下議院在一八一九年承認，著名的

《黃金報告》(*Bullion Report*)[5]是正確的,而不可兌換的法令貨幣(fiat money)是錯的。而接下來的幾年,將通貨緊縮控制在戰時水準的這個國家,每六個人就有一個是要申請救濟的貧民。我們敢說美國遲早不會以類似這樣的方式,償付相對較輕的負擔嗎?

目前,自停戰以來還不到四年。在我寫作之際仍持續中的牛市行情,不一定能將我們帶到類似歐洲在一八二一年那樣的時期。我們的情況沒有英國當時那般險惡,但我們的海外顧客卻有幾乎無法計算的債務需要償還——那並不是偏方就可以解決的問題,而是唯有揚棄偏方才能解決的,因為病人已經病入膏肓了。

▶ 晴雨表的品質無庸置疑

然而,至今我們已經歷了太多的惡事。股市晴雨表對我們來說已經夠用,因為正如我們看到的,它早早就預測到經濟蕭條與繁榮時期,提前指出清楚的路線和危險預

---

5 該報告於一八一〇年發表,建議恢復金本位制、票據發行的可兌換性,以及控制紙幣的供應。

警。目前的平均指數顯示，整體商業情勢將在一九二二年夏季變得更加活躍興旺。

晴雨表並未預測出這次繁榮的持續時間，只是在仔細觀察下，晴雨表似乎給預測的榮景與蕭條，指出了頗為清楚的特徵。

一九○七年的熊市預測出，一九○八至○九年的商業不景氣，時間不長程度卻嚴重。一九○九年下半年和一九一○年的榮景為時較長，但幅度較小；而市場之前的牛市行情，也比熊市更緩慢、更長，區間也同樣較小。這一點在後來的商業及股市尤其準確，兩者的波動幅度都收窄了，而股市的走勢向來走在商業情勢之前。只有戰爭期間，股市先前的重大走勢才與商業發展同樣強勁。

同樣值得注意的是，我們的二十五年圖表顯示，在戰前市況平淡、窄幅波動的那幾年，股市成交量也在萎縮。整體來看，相較於一九○○年麥金萊勝選連任之前，每月平均成交量相對較差。

其中，一九一一、一二、一三，以及一四年，顯示交易量低於一八九七、九八、九九，以及一九○○年；而一八九九年的平均成交量，在後面這一系列的比較年分中表現最好。

▶ 預測戰爭

　　因此我們或許可以說，股票市場的確具有一定的預測功能，只不過它採用方式的實際用途還不夠明確，但它能夠以某種方式預見它所預測事物的特徵，甚至是規模。就人類知識的能力所及，股市所預測的其中一件事就是戰爭。有人認為戰爭很有可能發生，但是戰爭爆發之前的熊市絕不是意外形成的，也絕非是巧合。

　　我們可能還記得在一九一二年下半出現的那次熊市行情，比起過去的大多數熊市的走勢，強度明顯較溫和，特別是比起我們特別討論過的幾次。一九一四年有一次程度不算嚴重的商業蕭條，可為之前的重大熊市提供還算有說服力的證據。但是幾乎不用懷疑，影響跌勢的還有部分持股人從德國對其他國家的態度，發現危險的可能性，於是紛紛變賣股票。或許戰爭的起源，大概是從基爾運河（Kiel Canal）的通航開始，那條運河流經德國領土，戰略上連結波羅的海與北海。

　　或許可以說，這次熊市除了預測商業萎縮之外，也反映了戰爭的可能性。前面曾提到，在戰爭爆發前的一九一四年，市場形成了一條籌碼分散線，顯示外國持股

人拋售持股變現，而這就是在將近三個月的買賣平衡期間，將原本正常情況下應該出現的籌碼集中線，轉為分散線的原因。

　　至於那些宣稱不滿主要股市走勢，未能都根據各種商業圖表立刻進行調整的人，我們或許要說，錯不在晴雨表。晴雨表是普遍通用的，它記錄了那些商業圖表記錄不到的國際現實。因此，如果那些商業圖表不能充分驗證我們的推論，那些圖表就更不堪用了。我們已經發現，針對晴雨表的試驗愈是嚴格，愈是能成功驗證其實用性。包括在戰前及戰爭期間，它的預知價值怎樣都不會高估。只不過，萬一戰爭爆發在牛市頂點時，情況又會如何呢？

第十八章

鐵路業的管制

WHAT REGULATION DID TO OUR RAILROADS

　　一個不需要資格鑑定但影響廣泛的主張，大概只有兩種可能。第一，是不證自明的公理，例如：任何三角形的三個角，總和等於兩個直角；第二，就是不值得多說的「老生常談」。

　　我在先前的論述中說過，製成表格的商業紀錄無論是以什麼樣的形式呈現，充其量也只是紀錄，它只能做小程度的預測。但是那樣的說法需要最起碼的限定條件，因為最新且最科學的商業紀錄，也體現了預測特質。哈佛大學經濟研究委員會所編纂的指數圖表提供了一種預測商業

的方法，採用股市晴雨表的概念，而這個指數圖表在過去二十年已被成功運用於《華爾街日報》及其相關出版品中。

▶ 帶有預測的圖表

　　熟悉哈佛經濟服務的人就會記得，他們的商業圖表使用三條曲線：一條投機線，一條銀行業務線，以及一條商業狀況線。該機構表示，他們不會胡亂拙劣地企圖證明「作用力與反作用力相等」。他們的服務從戰後開始，但是發布的圖表涵蓋了一九〇三到一九一四年，而這些是最有價值的確證，證明我們在討論股市晴雨表時所提出的概念。在那十二年的圖表中，投機線一律領先商業線與銀行線。換句話說，投機活動可以預料到商業的發展，而這正是本書一直要證明的。

　　哈佛大學經濟研究委員會使用「股市平均價格」繪製投機線。他們看出戰爭打亂了進行預測推算的根據，使得許多這類推測徹底失算。因此，哈佛並未發布戰爭那幾年的圖表。回顧我自己的紀錄和報紙評論，我發現差不多也是基於完全相同的理由，放棄了總結股市走勢及其與美國商業的預言關係。我們看到當政府擔保接手鐵路時，只剩

下工業股有投機行情，沒有鐵路股的相對走勢可以查核驗證。我們在分析哈佛經濟服務明智地選擇略過的戰爭時期，也發現股市以非常可貴的方式，盡力讓大眾意識到戰爭的可能性，尤其是一九一七年的熊市，並以戰爭爆發前三個月的籌碼分散線預示戰爭的到來。

▶ 比主要趨勢更大的行情

但平均指數又指出了另一個跡象，雖然如今看來非常重要，當時卻不怎麼受到重視。我們看到鐵路股在民營階段時，有自己的自由市場，會跟著主要行情走；而且我們看到牛市在一九〇九年進入尾聲，隔年判定出現熊市，隨後是幅度大受限制又遲疑緩慢的牛市，特別是鐵路股，一直延續到一九一二年下半年；而下一波的熊市，在一九一四年十二月紐約證交所重開之際迅速告終，此時距離戰爭爆發已過了十八週。

從一九〇六年到一九二一年六月，鐵路股價格整體向下的趨勢，具有重大歷史意義，同時也是非常重要的教訓和警訊。這次的走勢不但比整體趨勢更長，甚至比先前討論中假設的任一次週期都長了許多。這一次延續了將近

十六年。那麼在接下來的一九二二年，鐵路股平均指數將會有所改善，這不僅是可能的，而且幾乎是順理成章的，正如人性使然一般。

那麼為什麼鐵路股平均指數近期不會重返如鐵路大亨希爾及哈里曼後半生時的那種活躍行情呢？有一個根本原因，在於鐵路公司當時的情況，不但奪走了鐵路股大部份的投機價值，也帶走了大部分的永久價值。這個情況導致鐵路產業疲弱不振，也消除了它強健的創造能力。

▶ 羅斯福與鐵路

如果西奧多・羅斯福（Theodore Roosevelt）[1] 可以預見他鼓動反對鐵路公司的致命後果，如果他早知道自己並非對「短暫的罪惡」做暫時性的抑制，他的所謂「政策」帶來的必然結局，在將來不知道多少年會嚴重削弱鐵路公司，甚至令其從此一蹶不振，就只為了懲罰少數人濫用權力，而那樣的力量卻又必然會發展成一個成功的企業——我們或許可以確定，他大概會採取不同的做法。

1　美國第二十六任總統，即老羅斯福，任內以反托拉斯政策聞名。

在過去十四年中，公眾改革力量被認為是破壞的力量。在過去，鐵路的發展不但伴隨著人口的增加，至少在這片大陸上，鐵路更是早於人口成長，但如今卻是垂危般的毫無生氣——沒有新的資本挹注，幫助那些尚無鐵路設施的地方，建設迫切需要的鐵路延伸，更別說更重大的站點設施。交通線路是文明的主動脈，但是羅斯福理論的改編版，又或者說對其理論的曲解，將那些不是羅斯福的想法歸因於他——導致那些交通動脈的硬化，也削弱了灌注生命之血到動脈的中樞心臟。

▶ 發展受阻的鐵路里程數

從美國每十年一次的人口調查，同時記錄的鐵路里程數，我們可以看出這一點。如果我們在一九一〇年的鐵路里程數是二十四萬八百三十英里——自一九〇〇年以來增加將近25%，是一八八〇年的兩倍以上——從一九二〇年的人口普查來看，照理來說，鐵路里程數應該會繼續增加至大約九萬英里，但實際增加的里程數卻不到一萬五千英里（不到六分之一），這已是勉強足以維持鐵路營運的最低量了。

美國政治人物「膽怯畏懼於成就偉大」。他們讓美國最重要的工業停止成長，也不願讓少數傑出的個人，將偉大的想法轉變成重大需求而致富。哈里曼和希爾過世時都身家富裕。我認識他們二人，而且知道他們致富的經歷純屬機緣巧合。他們之所以致富是因為，如果沒有「必要的財務實力」讓他們獨立，他們就實現不了有創造力的成就。但哈里曼從未掌控過他所管理的任何一家鐵路公司股票。他獲得股東們心照不宣的信任。他在南太平洋鐵路公司、聯合太平洋鐵路公司，甚至是芝加哥－奧爾頓鐵路公司，從未掌握過多數表決權。他和希爾以及他們的財富，為數千萬未曾謀面的美國人帶來舒適、收入，富足。

晴雨表的紀錄與圖表非常清楚地指出，從一八九七年的重建時代結束，一直到一九〇七年的破壞時代開始，這段時間的鐵路發展，大體上是美國史上最偉大、最成功，也是最有創造力的時期。

▶ 人類愚行週期

我們看到也證明了道氏股價走勢理論的正確性。我們知道股市同時有主要的上漲或下跌走勢，有次級回檔或反

彈，以及每日波動。那麼，我們是否要更進一步建立一個屬於自己的週期呢？當然，這種週期與我們先前討論過，根據令人印象深刻、具有啟發意義的恐慌時期列表所建立的週期沒有關係。

哈佛大學經濟研究委員會製作的商業走勢圖表，就是一種明智且有益的壯舉。一個商業週期包括蕭條、復甦、繁榮、壓力、危機，這些狀態沒有絕對的長度，甚至有些時候「壓力」與「危機」，或「危機」與「恐慌」，或「壓力」與「恐慌」是同時發生的。但從我們的平均指數紀錄可以推論出另一個週期，幾乎可以稱之為「人類愚行週期」。這種週期只會發生在類似美國的民主國家，因為在民主國家中，人人有自治的權力，卻又太過輕率地想像並誤解民主國家最大的特殊優勢——讓自己犯錯的權力。

▶ 柯克西失業請願軍

我的想法不難說明。一八九〇年時，共和黨籍的總統加上共和黨人主導的國會[2]，使得社會充滿不確定性及派系

2　時任美國總統為哈瑞森（Benjamin Harrison），任內實施了麥金萊關稅法（保護國內產業免受外國競爭）和謝爾曼反壟斷法（調查並起訴有托拉斯行為的公司）。

主義的氛圍；而向來就有某種程度妥協的立法，也成了不道德的妥協。

真正的政治家可以在不重要的事情上順利妥協，卻不會犧牲真正重要的原則。但「謝爾曼白銀採購法案」卻犧牲了原則，帶來十分嚴重的後果，因為該法案在金融體系的命脈摻入雜質。由於隨後出現的通貨膨脹與過度投機，造成不可避免的巨大恐慌，危機本來有可能發生在一八九二年，但那一年的美國小麥產量大豐收，碰巧遇上美國唯一重要的國際競爭對手——俄羅斯的農作物歉收。因此，經濟恐慌出現在一八九三年。

在全國充斥著如現在一般的民粹主義四年後，「柯克西失業請願軍」（Coxey's Army）一八九四年從俄亥俄州的馬西隆開始，一路朝華盛頓前進[3]。柯克西的主要訴求——無限量發行法定貨幣可以恢復繁榮——蔓延到全美國。中西部尤其嚴重。威廉‧艾倫‧懷特（William Allen White）[4]一篇名為〈堪薩斯怎麼了？〉的著名社論，成為

3　一八九三年，美國爆發十九世紀最嚴重的經濟危機，引發龐大的失業潮，以柯克西（Jacob S. Coxey）為首的失業工人組成「柯克西失業請願軍」向華盛頓特區進發，藉以表達抗議訴求，這也是華盛頓國家廣場史上第一場大規模抗議活動。
4　美國報人與作家、普立茲獎得主。在社論〈堪薩斯怎麼了？〉（What's the Matter with Kansas?）中，懷特嚴厲抨擊民主黨人和民粹主義者，指出他們讓堪薩斯州陷

此次浪潮的轉折點。在那情勢惡劣的數年間，鐵路公司經理人身陷絕望的深淵，除了少數體質健全的鐵路，其他全都宣告破產。一八九六年時，美國有高達87％的鐵路里程數處於接受破產管理的狀態。直到麥金萊第一次當選總統時，美國才重新迎來了理智和光明。

▶ 繁榮的十年

歷經過民粹主義者欲自由鑄造銀幣等愚行，大家終於醒悟，正是他們的所作所為讓國家瀕臨破產。政治人物對草率立法的結果驚慌恐懼。從一八九七到一九〇七年的這十年，政治這隻令人癱瘓無力的手，從美國商業中抽離。在那之前及之後，我們從未有像這樣的繁榮時期。那段時間的鐵路發展也比從前興旺。也是在這個十年裡，美國誕生了規模最宏大、最有裨益的工業合併體——美國鋼鐵公司就是傑出的代表。儘管生活成本在這個十年的後期有所上升，但整體仍然偏低。那是一個薪資優渥的時期，不僅表現在鈔票的金額上，也表現在人民的購買力上。

入經濟停滯，因為他們的反商業政策嚇跑了該州的資本。

▶「耶書崙漸漸肥胖，便離棄造他的神」

　　然而，「耶書崙漸漸肥胖，便離棄造他的神」[5]。有可能是民主制度承受不了繁榮嗎？還是仍不需要做出如此離譜的假設？我們看到勞工的躁動達到最高點，不是在工會無力或不存在的荒年，而是在勞工受到重視、且領導人可支配的工會基金能大手揮霍的豐年。勞工的躁動並非如許多人以為的，是商業蕭條的結果，其實是國家（耶書崙）漸漸肥胖圓潤之後，離棄了締造成就的源頭。

　　十九世紀九〇年代無法抹滅的民粹主義，早在先前幾年就奠定了危險的基礎。我們似乎再次進入了這樣的民粹主義年代。戰爭當然使得所有可能的「週期」都亂了套，但是不利個人繁榮的激憤煽動，給容易受影響的大眾心理注入邪惡的肥料，在未來數年勢必會結成有毒的果實。

▶ 輿論的重新考慮

　　如果我根據這個「眾人愚行」的週期大膽進行預測，

5　出自《聖經》申命記 32:15。

或許會擴大股市晴雨表的用途，也會使這些討論超出應有的範圍。我們可以看出那個真正繁榮的黃金十年早已過去。我們可以說出它的高峰時期。我們看到它在一九〇七年戲劇性地驟然崩塌。

戰爭引發的狂熱生產活動並非公正的考驗，因為那些生產活動並沒有健全的基礎。再有如一八九七到一九〇七年間一般的十年出現之前，美國必定要經歷一個時期，並在最後反問自己，此時不是問「堪薩斯怎麼了？」而是「美國怎麼了？」如果我不相信美國人民有良好的判斷力，可以在那一天到來時找到正確的答案，那我就是個可憐的美國人了。

民主國家最軟弱無力的謬論，莫過於認為大眾輿論永遠正確。這要看你說的「大眾輿論」是什麼。這種意見是以最喧鬧的聲音為代表，最初所表達的通常是錯的，或者是因為錯誤的理由而顯得正確。但是正如歷史所顯示的，偉大的美國人民重新考慮過後，通常就是正確的了。

▶ 回憶林肯

每年我們都要互相重複林肯總統「蓋茲堡演說」

（Gettysburg Address）[6]的名言。林肯宣稱，在那裡所說的話，比起在那裡所做的事，在人類的記憶中不會占有什麼地位。他以一貫的謙遜，低估了那次傑出演說表達的不朽思想（別忘了，當時的林肯並未被視為是偉大場合中的重要演說家）。

林肯一八六三年在蓋茲堡的演說將留存在千千萬萬人的記憶中，即使那些人幾乎不了解那場戰役的情況，或是哪一方獲得勝利，只知道不朽的聯邦政府永存。但如果當時有聯邦法律可「罷免」聯邦政府當選的官員，林肯極有可能遭到罷免，而且無法獲得連任。一直到隔年，他連任總統才成為定局。

若讀者的年紀夠大，或許還記得一八六三年的消沉情緒，以及那一年對大眾心理的影響。

▶ 政府干預的代價

從許多這類的例子中可以看出，美國人民深思熟慮後

6　一八六三年，美國內戰的蓋茲堡戰役結束的四個半月後，林肯總統在賓州蓋茲堡國家公墓，發表這場史上被引用最多次的著名演說，重申《獨立宣言》中「人皆生而平等」的理念。

的想法通常是正確的，而第一印象很有可能是錯的。就說無黨派同盟不久前在中西部引發的狂熱，幾乎沒有半點真實，全都是弄虛作假，欺詐誆騙。我們敢說，我們已經將那樣的毒害逐出體系之外了嗎？事實上，不到一個星期，就會有人以種種託辭，向美國國會提交發行數十億美元法定貨幣的法案。

如果說過去十年有個應該烙印在大眾心理的教訓，那就是當政府干預民間企業，即使該企業是針對公用事業發展，也可能百害而無一利。開發鐵路與國內天然資源的人只有我們自己。鐵路所有權在某種程度上來說，比國會更有代表性——它代表儲蓄銀行的所有存款戶、每一張保單的持有人，還間接代表美國債券的每一個持有人，因為債券的利息大多來自鐵路公司的稅收。

▶ 均貧的立法

我必須承認，本章所討論的主題，與其說是平均指數的晴雨表功能，不如說是平均指數的紀錄功能。但如果我們出於某種顯而易見的心理因素，為了避免篇幅過長而忽略平均指數紀錄所給予最重要的一課，那我們的討論就不

算是完整。

　　觀察鐵路平均指數在有數據紀錄的二十五年走勢：超過十六年前，二十檔活躍的鐵路股在一九〇六年一月二十二日，創下最高138.36點的紀錄，此後我們再也不曾見過這個數字，但是在一九〇九年八月曾達到134.46點，距離那個高點不到4點。

　　接下來的高點是一九一二年十月的124.35點，比最高點紀錄低逾14點。而在下一次的漲勢中，淨差距進一步擴大，鐵路股平均指數在一九一四年一月三十一日僅109.43點，算是一波平淡反彈漲勢的頂點。即使下一波復甦行情，也是戰爭後的第一波牛市行情，鐵路股也只在一九一六年十月四日上漲到112.28點。正如我們在先前章節分析過的原因，鐵路股並未跟上一九一九年的牛市行情。

　　如今，鐵路股平均指數比歷史最高點低了50點，比起一八九八年七月二十五日的低點，高出不到14點──那是超過二十三年前的事了。分析這十六年間的穩定下跌情況，足以包含兩次哈佛大學經濟研究委員會的簡單週期──時間長度更超過一八五七和一八七三年、這兩次嚴重恐慌之間的間隔，也比耶方斯的十年週期多出60％。

看看穩定下跌的價值線，對比一些更具知名度的商業圖表所假設的國家財富成長中間線，高下立判。

　　全世界最富有的國家能放任政治人物，不斷愚蠢地將最大的投資、和最大的產業經營成像這樣一敗塗地嗎？我們是在浪擲祖宗基業，還是任由政治人物揮霍浪費，以為毀掉鐵路公司的股東，就能讓其他人更富有也更快樂？我們知道，或者應該知道，我們無法立法做到人人富有。但這是俄羅斯之外，又一個例子說明有可能透過立法讓人人都變得貧窮。

第十九章
關於市場操縱的研究

A STUDY IN MANIPULATION—1900-1

　　我們在第七章已經說明，股市操縱行為相對不重要。但歷史列出了一些異乎尋常的操縱行為例子，只不過，二十年前在華爾街行得通的做法，現在未必可行（或被容許）。比方說，如今想要操縱美國鋼鐵公司或聯合銅業公司的股票配銷，是絕對不可能的。但在二十一年前，無疑是由詹姆斯‧基恩在操縱這兩檔股票的發行銷售。

　　我提出這兩檔股票的用意只是為了舉例，並不是要將它們兩者相提並論。曾有人對聯合銅業公司股票的發行銷售，做出了傲慢冒失的評論，至今我仍非常氣憤。我記得

當時我曾對其加以批評，但謹守法律（以及查爾斯‧道）的容許範圍。

▶ 從罪惡中孕育

聯合銅業公司是在罪惡中孕育，並在類似的助力之下誕生。該公司於一八九九年初，以七千五百萬美元的資本開放認購，認股書在同年五月四日截止。許多「報紙」（所幸現在已停刊）指稱，該股「超額認購五倍！」這聽起來不太可能，因為該股在不到一個月的時間以大量折扣出售。股市大盤當時正處於低檔，一直到隔年夏天才反轉。

當時，針對那種不光彩行為的所有評論當中，以斷然拒絕遭受欺騙的《波士頓新聞通訊》措辭最為尖刻。以下就是在五倍「超額認購」之後不到一個月刊登的評論之一。一八九九年六月一日，《波士頓新聞通訊》寫道：

「聯合銅業公司股票下跌，是昨天未上市證券交易的重要特點，在鐵路股普遍走低的此時尤其合理。華爾街許多精明的觀察家聲稱，聯合銅業公司的成立代表危險信號，警告保守的投資人與投機客遠離證券市場；匯集

七千五百萬美元資本的盲池，竟然有五倍超額認購，這對部分較聰明的投機者來說是個暗示，表示大眾已經喪失理智，崩盤也不遠了。」

「整起事件中最糟糕的重點之一，就是美國同類銀行機構中規模最大的國民城市銀行（National City Bank），竟然主持這樣的交易……」

▶ 聯合銅業公司

儘管有關「超額認購」的虛假空話甚囂塵上，該公司的股票發行還是失敗了。《波士頓新聞通訊》繼續以「聯合銅業大挫敗」、「有違現實的承諾及預言」、「銅業公司承諾的幽默與悲情」為題，發表一系列言詞辛辣、諷刺又不失風趣的評論。

同樣在六月，有謠言傳說聯合銅業的創立者，以1股約45美元買下安納康達（Anaconda）公司的控制權，但是該公司在聯合銅業發行上市時的報價，每股卻是70美元，而且據說以1股100美元加入新成立的聯合銅業公司。《波士頓新聞通訊》的同一篇文章指出，聯合銅業有七千五百萬美元的資本，應該足以支付旗下子公司的全部

資本，但卻宣稱只收購其控制權，據推測為51％ —— 整起交易如此粗糙，在如今的華爾街高層看來，幾乎是難以置信。

▶ 基恩在股票發售的作用

在一九〇四年後半年，在發生詹姆斯・基恩操縱股票發行銷售的三年後，這位著名的股市操盤手寫了一封信，在這封後來被公開的信中，他承認自己「為亨利・羅傑斯及其合夥人」銷售二千二百萬美元的聯合銅業公司股票（22萬股），每股價格在90到96美元之間。他在信中十分清楚地指出銷售期限。

隔年一月，我在《華爾街日報》刊登文章，以〈操縱行為之研究〉（A Study in Manipulation）為題，從銷售紀錄分析他的作為。該篇分析並未觸及道德問題。你沒辦法對一個似乎毫無道德的人談論道德。結合股價收報器上的聯銅股票銷售紀錄，以及從證交所取得執行交易單的股票經紀商名單，並比較各時期的交易活動，似乎就能更清楚分析基恩的行為了。

這使得我在華爾街樹敵不少，但我要為詹姆斯・基恩

說句公道話，我認為他並不在此列。前文曾提過，我跟他從來都算不上親近。但是在那篇分析文章刊登後，他找機會在許多不同場合跟我見面，而我所說的一切，似乎都無法說服他相信，我並未採取非法途徑接觸他的帳冊。

「一定有人洩密。」他如此說道，當時的華爾街以及基恩的事業性質，使得他習慣性多疑。他這方面的心態並不健全，所以一個簡單的事實，若取決於任何人沒有根據的話，便很難取信他。真正偉大的人（及一些孩子），知道什麼時候該相信，以及該相信誰。基恩並不是偉大的人。

▶ 美鋼與聯銅的區別

撇開所有道德問題不談，聯合銅業公司的股票銷售，大概是當時股市最出色的成就了。基恩處理美國鋼鐵公司普通股與優先股的完美表現，仍將是運籌帷幄的高明案例。但是，他在那次案件中有個莫大的優勢，就是投資大眾亟欲買進他銷售的股票。美國鋼鐵公司的籌資並非真的摻有許多真正的「水分」。所謂的「摻水資本」，只是理性地預測成長。美國鋼鐵公司在一九〇一年發行上市，三年之後的盈餘為4.9％，銷售給大眾的普通股售價為50美

元，到了一九〇五年，該公司的盈餘增加不只一倍。我在稍早的文章中，曾指出該股目前的真正帳面價值。

但聯合銅業公司則是迥然不同的問題。以發行銷售的成就來說，相較於美國鋼鐵公司，有如梅索尼埃（Meissonier）的作品與德諾伊維爾（De Neuville）的英雄戰役畫作[1]。基恩在後來的聲明中表示，他很不願意接手這椿交易，因為與銷售美國鋼鐵公司的普通股與優先股不同，困難的並非是要創造市場；而是要在一個已經被其他人愚蠢行徑破壞殆盡的市場展開銷售。

▶ 早期的操縱活動

根據美國鋼鐵和聯合銅業股票的銷售額來分析，一九〇〇年十二月三日，到一九〇一年一月中左右，大致可視為操縱活動的第一個重要階段。就在麥金萊再次當選總統前不久，出現了一次基本的牛市，於是那些真正認購到聯合銅業公司股票的人，開始利用這個優勢把股票賣回給原

---

1 前者為法國古典主義畫家，以刻畫拿破崙及其軍隊的作品聞名；後者為法國學院派畫家，作品特色為強烈的戲劇性和愛國主義，並以普法戰爭主題的繪畫聞名。

來的承銷商。

當時的某些「宮廷公報」[2]肆無忌憚地討論這種「內部人交易」（insider buying），它們總算說對了一次。內部人員買進股票是因為他們不得不這樣做，從股價的下跌走勢來看，他們「買進股票」是逼不得已的。創造出這家公司的「標準石油幫」雖然了解公開和內部兩方面的訊息，卻仍然採用了一種原始而笨拙的方法。我們不妨在此總結一下這段時期內，股價波動和成交量的情況：

1900 年 12 月 3 日開盤價……96 美元

12 月 3 日至 13 日銷售量……16 萬股

期間波動……96 至 90.25 美元

1900 年 12 月 14 日至 1901 年 1 月 11 日

銷售量……29.5 萬股

期間波動……89.75 至 96 美元

2　意指君主立憲國家在報刊中所刊登的宮廷日常消息，此處泛指那些報導華爾街日常活動的報紙。

即便在種種手段的刺激下，一九〇一年一月十一日聯合銅業的收盤價也只有91.125美元。

▶ 基恩的首次亮相

基恩應該就是在此時首次亮相，而且他十分聰明，相當清楚有必要先打破當時的股市市況，才能將股票拉到吸引投機大眾的水準。接下來一段時期的紀錄如下：

1901年1月12日開盤價……91美元

1月12日至1月19日銷售量……7萬股

期間波動……92.25至90.25美元

1月19日收盤價……90.50美元

1月20日至1月26日銷售量……8.8萬股

期間波動……92至83.75美元

1月26日收盤價……89美元

聯合銅業在一月二十六日的收盤價完全展現基恩的優異能力。這是比先前十二月由愚昧的「內部人士」短暫推

升的 96 美元，更為真實的價格。基恩初期的操作很有特色。一九〇一年一月的第三週，聯合銅業每日交易量平均在 2 萬到 3 萬股，當月二十日時，股價跌至 86 美元，隔天在 83.75 到 89 美元之間來回波動，那一天之後大致固定在 88.25 美元。

當時的市場謠言，若從新聞的角度來看並不值得一提，但卻大為刺激大眾的貪念。種種跡象都顯示：既然基恩還沒有出場，他肯定會努力扭轉該檔股票的低迷狀態。我們甚至可以大膽地說，先前他並未企圖掩飾自己的痕跡，就是為了製造那樣的印象。

▶ 助長操縱行為的牛市行情

然而，麥金萊時期的繁榮，也正在更廣闊的市場上逐漸形成。股市正處於牛市之中，雖然那一波走勢被北太平洋鐵路公司股票拋售事件，和後來的五月經濟恐慌打斷，但並未就此終止。

基恩在這個時候最好是讓人相信，他在做空「標準石油股票」。他承認拋售了所有羅傑斯籌資用的股票，價格在 90 到九 96 美元之間，股價隨即就上漲到 128 美元。漲

勢直到後來四月中才開始，但在三月初時，該股的售價就已高出票面價值許多。

我在一九○五年撰文時猜測，基恩的意思是羅傑斯及其合夥人的二千二百萬美元股票，並非是以單一平均價格賣出，或許是在考慮操縱成本之後，以平均90到96美元的價格，陸續以大筆交易賣出。其中一部分當然價格高出許多，但我們已經看到有部分的價格低於84美元。

▶ 基恩的第二次出手

基恩在市場上按照自己的意思操作時，並不會去打壓市場，而且會在接下來的一段時間，明智地任由股票自行發展，只偶爾給予刺激，醞釀多頭氣氛。此時的交易相當清淡。此後一段時間，最大波動幅度不到5點，但值得注意的是，在股價普遍走高時，我們又再次看到基恩出手：

1月26日至2月23日銷售量……11萬股
期間波動……92.375至87.75美元

在這平靜的一個月，他或許真的脫手部分股票，但肯

定沒有在市場上發起攻擊。我們很難指出他究竟處理了多少股票，因為這個數量可能大得驚人，至少不會低於他必須售出股票數量的三倍。

他在初期階段雇用買賣雙邊的經紀商，只是經紀商並不知道他們執行的是相互委託買賣。這在過去和現在，都是違反證交所規定的，然而時過境遷，我們也只能做無罪推定。隨著股票市場的發展，這種操縱行為或許會逐漸減少，而隨著投資大眾勢力穩固，自然就會徹底消失。

◉ 基恩的最後一次出手

所謂第三波走勢，顯然是基恩最後一次出售股票：

2 月 28 日開盤價……92.375 美元

2 月 28 日至 4 月 3 日銷售量……78 萬股

期間波動……92 至 103.75 美元

4 月 3 日收盤價……100.375 美元

基恩所持有的 22 萬股聯合銅業，或許正是在這段期間將大部分持股脫手賣出的。這些他大致上都向我承認

了，但是每當他問起我是如何知道的，他卻始終不滿意我的答案。

那段時期不光彩的事情之一，就是聯合銅業公司的股票交易，從頭到尾差不多都是以8％的溢價出售。當時該公司宣布的季度股利為1.5％，還有0.5％的額外紅利；而極度愚昧的公司董事，深信他們可以無限期地維持世界銅價，最後卻讓投資大眾付出代價。

在基恩操縱活動早期階段的謠言之一，就是倫敦金屬市場（過去和現在都是全球銅業交易的自由市場）的價格下跌終於得到有效的控制。事實並非如此。但在那個離奇的年代，那個謠言卻是跟其他任何謠言一樣，聽起來煞有介事。幾年之後，銅業巨頭海因茲與聯合銅業公司的股東們達成協議，而這個協議本身，也在當時被利用的謠言之列，是主要多頭論點之一。

▶ 投資大眾自己創造的榮景

前文已詳細說明，基恩在一九〇一年四月頭兩個星期的操縱行為，最終為這檔股票創造出一個可能連他本人都感到吃驚的市場──該股的交易量至少是二月或三月時的

兩倍，曾有一天成交24.14萬股的紀錄，那一個月還有其他幾天也幾乎達到這個數字。相較之下，在基恩操縱期間的三月六日，則只有7.7萬股，最大波動幅度僅有將近3點。我們可以認為，接下來的交易顯示了股票攻頂的路徑，已經掃除了所有障礙：

4月4日至4月16日銷售量……127.5萬股
股價漲幅……101.125至128.375美元

亨利‧羅傑斯籌資的股票已經售罄，實際上，這些股票是在大盤多頭行情中，完全被市場的熱切渴望吸收了。

▶ 他們的金磚

那些找來基恩的「內部人士」，似乎真的相信自己有「金磚」，這是控訴人性的可恥證據。根據紀錄，亨利‧羅傑斯大概是以「從一個認識內部人士的朋友那裡聽說消息」的方式，告訴基恩「這檔股票正要上漲；他收到幾個買方的信件表示要買進，因此建議基恩先生也應該加入行動。」不用說，在機警的老鳥看來，這個圈套是白費工夫

的。然而，那檔股票的價格，確實比基恩完成銷售時的價格，上漲了約20點。

在研究一件完全不可能再次發生的事件時，還有一點很重要，在後來的交易中，當時那些被奉承為「基恩御用」的證券經紀公司，比先前基恩真正進行操縱交易時更加引人注目。根據當時流傳的流言判斷，基恩先生的大名只有在他穩妥地脫手股票後才會被人提及。之後發生的事情應該很有趣，但同樣沒有證據可供判斷。

▶ 石油公司與大頭症

「標準石油幫」已經不復存在。當年組成該集團的百萬富翁，都是剛剛發跡的巨富。他們相信自己所向披靡，直到聯合銅業公司的上市發行。他們在當時及後來都犯了許多錯誤，但是隨著時間過去，他們學會判斷並退出股市。他們對於石油業的看法絕對正確（尤其是標準石油公司），因此承擔得起在其他方向冒險而蒙受巨大損失。

總有一天，會有人毫不留情地談論年輕時的洛克斐勒先生及其冒險故事。真正有富爸爸的年輕人，才負擔得起如此高額的學費。我們大有理由猜測，他在「社會大學」

完成的昂貴研究生課程，有著永久的絕佳效果。

我在前文曾提到，亨利・羅傑斯大錯特錯，以及他狂妄地認為所有責任應歸咎於無知的股市，但在最後對決時，股市永遠是對的。羅傑斯在一九〇八年過世時，身家有五千萬美元，若他再多活兩年，遺產可能有兩倍之多。他生前有一些相當好的作為，而且很可能會永垂不朽。

維吉尼亞鐵路最初在建造的時候，是美國興建及完成的鐵路中最好的。但這條鐵路卻讓它的發起人傷透了心，以羅傑斯的財力背景和個人財富，一九〇七年時竟被迫用個人擔保、以相當於7%的利率，為心愛的鐵路貸款。即便如此，他還是誤判了股市。當時的股市以極清楚明確的方式表明：無論羅傑斯付出何種條件，能夠借到錢都算是運氣好──在那個經濟恐慌的年代，那樣的貸款可說是任由放款人予取予求的。

● 操縱市場事件的教訓

如此詳盡檢驗一篇有關操縱行為、惡名昭彰的文章，我們可以從晴雨表的本質與特性中學到一些重要的認識。還記得聯合銅業公司過去是屬於目前已廢止的證交所未

上市部門嗎？正如《波士頓新聞通訊》當時所說的，無論從哪個方面來看，聯合銅業公司都是個「盲池」。以目前股票上市要求的條件，那樣的事情不可能再發生。我也不相信場外市場的新交易所會出現這種事。

現在的消息公開方法比二十年前改善許多，這種性質的行為持續不到一個星期，就會遭到銀行積極且有效的反對。未來不可能有像「標準石油幫」一樣的財團，能獲得如此不正當的權力以操縱市場。

但是，在所有的保護措施中，最理想的莫過於輿論民智大開——金融事務的資訊現在比起從前有如天壤之別。治療貪腐的對策就是資訊公開。沒有一種清潔劑比得過充足的日光。人們再也不會受到二十年前號稱是「新聞」的小道消息欺騙了。

此外，「內部人士」從不出錯的神話已經徹底破滅。以道氏「市場同時存在三種走勢」的理論為根據、建立的股市晴雨表，可靠程度在這些年來與日俱增。當然，股市晴雨表並沒有受到操縱行為的實際威脅，但關於這個問題，我還想再多做補充。

▶ 消除不良新聞報導

　　股市操縱行為只要發生一次，就會被持續報導二十次。只不過，那是沒有花心思理解股市走勢的不稱職記者，所採取的報導方法。在華爾街採訪消息很困難，但不是做不到，只是需要的平均智商，比在其他地方採訪新聞更高，而且如果要做得好，需要努力不懈。

　　堅持努力工作的人，在新聞界並不會比其他地方更常見。財經記者所受的誘惑，是可以用雇主看不懂、或不能正確理解的專業名詞蒙混過關。除非像「道瓊新聞社」這類有責任感的媒體，將採訪與報導的真實性作為立身之本，否則財經新聞報導很容易流於苟且敷衍。只不過，這種情況正在逐漸改善。

▶ 永遠有原因，也永遠有新聞

　　這是尤其令我感興趣的一件事，因為我最初在華爾街的工作，有部分就是為「道瓊新聞社」撰寫股市短訊，目的是盡可能給市場上的個股或大盤波動找出理由，哪怕只是暫時性的因素。光是簡單概論是不行的，而我可以說出

許多採訪新聞時的故事，從悲慘痛苦到光怪陸離都有，而那些消息可能過個半小時就不新鮮了。

這類消息當然是對活躍的證券經紀公司和銀行業最有價值，因為可將之用於維持市場利益——他們的顧客往往會對這種消息來者不拒。即使事隔二十年，我仍然會對自己當時提過的、一些粗糙生硬的股市波動原因而感到汗顏，特別是我漸漸發展出一套從無到有的寫作方法，但至少那是紮紮實實的新聞採訪，絕非「純屬臆測」。

回顧過去，我最感到滿足的事，莫過於在我辭去令人心力交瘁的工作、接下《華爾街日報》主筆一職時，華爾街那些活躍的證券公司對我表達惋惜的友善之情。記者的回報差不多就像補鍋匠的驢子——「多踢幾腳，不給報酬」。記者得到的報酬，就是他擁有一個全世界最有趣的工作——如果他真心喜歡這個工作的話。

由此可以看出，「操縱行為」之所以在大眾心裡被誇大得如此離譜的主要原因。股市的所有動態都能找到合理有根據的解釋。要找到那樣的解釋，需要做許多理性明智的研究，還要謹慎篩選、比對與實際市場走勢有關人士的發言，這些人包括在場內執行交易指令的人，最好還要加上發出指令的那些人。研究還可以往回追溯到指令的原始

來源；新聞也要更進一步追蹤，找出他們買賣股票的原因，以及與其相關的特定股票。

▶ 真正的新聞保護大眾

華爾街有不少格言，多少帶著所謂的「內幕消息」性質，其中之一，就是「牛市無新聞」。除非有太多限定條件而無法證明通則，否則這句話並不正確。

如果記者願意出門去找，任何市場都會有新聞，而且有很多。如果記者滿足於在晚報、甚至是早報，做些敷衍草率的市場短評；滿足於重新炒作他在金融新聞「疏漏」中找到的消息，那麼他就可以使用諸如「操縱」、「交易商賣盤」、「標準石油買盤」等說詞，以及仍被一些報社老闆視為是「新聞」的其他胡說八道蒙混過去。華爾街是全世界的財經新聞中心。新聞採訪在我從業期間已經有穩定而長足的進步，但這個領域仍有無窮的發展空間。

第二十章

結論

SOME CONCLUSIONS—1910-14

　　我們已經接近本書的尾聲。從這系列文章在《霸榮周刊》發表期間所收到的讀者來信，我猜測這個系列頗有啟發性且趣味十足。這些讀者回饋確實教導我許多，而在此之前，我並未了解到「道氏股價走勢理論」這個題目能帶來多大的益處。道氏理論引導我們分析一些自以為是的所謂「週期」理論；接著檢視一些歷史權威紀錄，讓我們知道若紀錄編纂得合理專業，歷史能告訴我們多少事；以及國家與世界商務發展的重要性，以往幾乎不被人認識或理解，我們對過去的了解又是如何稀少。我們也完成公平合

理又可靠的評量，不僅是針對股市晴雨表的功能，也包括它的局限。至少現在我們知道，它不是戰勝投機市場的方法——不是宣稱「保證不虧損」的股票交易方法。

● 投機行為的預測價值

投機行為不僅沒有降低晴雨表的實用性，反而使這種實用性超出了我們在分析市場的三種走勢時的預期——上漲或下跌的主要趨勢；次級回檔或反彈；永不止息的每日漲跌波動。至少我們發展出具有實際價值的東西，提供給業務擴大到有必要預測整體商業趨勢的人。在哈佛經濟研究委員會的圖表中，從一九○三到一九一四年，投機線都走在銀行線與商業線之前，這是事後計算得出的正確結果，而且這樣的圖表因為極端保守，編製期間又經過數度調整，若從道氏的市場三重走勢理論來看，絕對達不到像股市平均指數逐日記錄般的晴雨表價值。

● 知道「何時罷手」的先知

那些靠著提供股市情報為生的人，在市場活躍時，他

們也同樣顯得活耀而引人注目；而在市況低迷時，除非你有耐心又有幽默感，否則他們的話會令人覺得很喪氣。從一九一〇年熊市進入尾聲，到第一次世界大戰爆發，這平淡的幾年間，其中一位這樣的人對我哀嘆自己無能為力，無法對一個不再顯示有獲利波動的市場預測走勢。但我們的晴雨表卻沒有需要承認錯誤或後悔之處，幾乎是現今唯一在無話可說時，就閉口不說的預言家。從《華爾街日報》上不時刊登的股價走勢研究中，我提出證據證明，一九一〇年的股票熊市，在一九〇九年下半年就清楚預見了——股市在一九一〇年六月過半後出現轉折。

雖然復甦態勢緩慢遲疑，但大致趨勢向上揚升。大約在一九一一年夏天，有一波規模明顯的次級回檔。不過主要趨勢的頂點出現在一九一二年的下半年，而戰前四年最有趣的一點，就是波動幅度都相對較小。從一九〇九年下半起、到一九一〇年中的熊市態勢明確，但是兩種平均指數的波動幅度，卻幾乎不到先前一波熊市（一九〇七年經濟恐慌時期）的一半。接下來的牛市（稱之為牛市有些言過其實，因為根本不算大漲），幅度幾乎不到前一波牛市（一九〇七年秋天到一九〇九年年底）的三分之一。

總而言之，在頗具教育意義的這幾年，我們看到大盤

的波動幅度漸漸縮小。仔細觀察那幾年的商業紀錄會發現，貿易活動同樣也在減緩，雖然還不到衰退的程度，但也算得上是不景氣；而美國的商業也不是沒有給人自然成長的希望，只是絕對不明顯，或者力道強勁到足以刺激大量的投機行為。

▶ 預測大小行情

這裡我們又看到晴雨表另一個有價值的功能。從這方面來說，「主要趨勢」預測到接下來經濟改善的幅度和持續時間，或者將臨商業蕭條的深度、甚至是嚴重程度。我們針對二十五年圖表涵蓋的幾個時期，進行的討論已經充分說明這一點，只要比較前文的價格走勢分析和後續的商業發展，任何人都能看得明白。我們可大致認為，商業在一九一〇年陷入不景氣，一直到戰爭創造的榮景出現之前，商業活動都未復甦到足以期望市場出現投機行為。

接下來有一個時期，似乎給商業圖表編纂者出了難題，因為這些圖表假定正常的商業狀況具有一定的節奏性，而這一時期的作用力和反作用力幾乎稱不上是相等的，或許只能被視為是一種逐漸減弱的鐘擺運動，用這個

比喻來說明戰爭開始前的情況並無不當。換句話說,當商業的鐘擺正在逐漸減速時,各種戰爭必需品的需求,使它重新上緊發條。即便這樣的說明並不準確,但如果不要太拘泥,卻也是一個生動有用的概念。

但是從一九〇九年的股市頂點開始,我們可以繪製出一波持續將近五年的熊市走勢。寬容一點地說,可以稱之為查爾斯·道最初在構思這個理論時、倉促做出的「五年主要趨勢假設」的可信例子。毫無疑問,美國的資源曾經發展過快(可能就是鐵路資源開發過快),最終導致了一九〇七年的恐慌。我想,我們可以慎重地推論,如此重大經濟恐慌的影響,並未在後來股市合理的反彈(例如一九〇九年結束時的復甦)中完全消失。此外,商業的重新調整則花了更長的時間。

● 週期理論的有用之處

有一個例子是「恐慌週期」理論能派上用場的(而且有其地位),雖然它過於籠統以至於無法應用於日常事務上。這是一段十分有趣的歷史,若我們以正確的觀點去理解,又能帶來實際的教育意義。

在一八七三年的恐慌之後，股市出現反彈漲勢，但之後商業整體趨於萎縮，當時的狀況與現在完全不同，但與我們現在要討論的時期又足夠相似，可充當有效的對照。我們幾乎可這樣說：直到一八七九年，眼見要恢復硬幣支付方式[1]之際，美國商業才開始好轉並擴大發展，直到一八八四年那次嚴重程度較低的恐慌時，才有所收斂。

同樣的，一八九三年的恐慌之後是一段蕭條期，時間比股市的跌勢更長，只不過漲跌波動幅度縮窄，如果畫成圖表，與一九〇九年股市結束強勁漲勢之後的那幾年相比，兩者驚人的相似。由此我們發現一致性，代表至少有類似的定律在支配走勢，而這個走勢的範圍甚至大於我們應用道氏股市走勢理論所能推斷的主要行情。我們至少可以看到，**一旦市場果真遭到襲擊，重拾信心不是幾個月的事，而是需要花上數年的時間。**

▶ 成交量萎縮及其影響

我們曾指出，股票業務在熊市期間向來遠比牛市期間

---

1 隨著貨幣體制慢慢回歸到金本位制，美國財政部在一八七三年停止鑄造銀幣。一八七〇年代中期的銀礦大罷工浪潮，讓白銀回歸貨幣系統的壓力與日俱增。

清淡。我們的二十五年圖表記錄每個月的股票交易日均量，從中可看出在一九一一到一九一四年間，投機交易的業務量極少，只略高於麥金萊連任前的四年。我們現在要探討的是後者，即戰時榮景之前的這段時期，而戰爭是打亂所有推測估算的事件。哈佛大學經濟研究委員會甚至沒有給這段時期繪製圖表，代表這段時間的世界情勢，是像地震（或類似的自然現象）一般反常。

　　而從爆發戰爭起，以及一九二一年六月至八月的所謂「通縮熊市」到達尾聲，成交量出現顯著的縮減。我們遭遇到有可靠紀錄以來最清淡、也最不起眼的牛市走勢。這是一波牛市無庸置疑，而我在刊登的系列文章中也不只一次預測過。復甦走勢延續到一九二二年四月，工業指數上漲29點，鐵路指數的漲幅相當於前者的三分之二以上，伴隨有典型的次級走勢。

　　在強勁的大盤趨勢中，次級走勢也會相應的強而有力。值得注意的是，無論是一九二二年主要上漲趨勢和次級走勢，兩者都未有強勁活力，這種現象預示商業將蓬勃興盛，而不是保守的復甦。晴雨表顯示的是將有復甦，但是進度緩慢，而且需要較平常費時更久才能確立。晴雨表這次所預測到的牛市，並不是一輪將股價推至新高的牛

市，更不是預示著工業資源有大膽發展的驚人走勢。

▶ 遏制鐵路業

我們在第十八章討論過，鐵路股在十六年期間全面下跌，讀者應該輕易就能明白，為什麼極端保守主義在目前的股市（處於復甦階段）中存在是有道理的。至少以我們的晴雨表來看，那二十檔活躍的鐵路股代表一半的投機交易素材與紀錄。鐵路股代表除了農業以外，美國最大的單一資本投資。但這些鐵路的狀況卻讓人無法放心。目前沒有任何跡象顯示，更令人苦惱的政府管制措施不會進一步限制鐵路業創造財富的能力。

我們愚蠢地誤認為，透過國會議員允許給予鐵路公司股東的收益，最高上限就是6％，卻要他們承擔收益減少甚至公司破產的風險。顯然在這樣的條件下，資本永遠不會投入交通運輸業的發展。但我們不可能給這一半的投機領域建立如此徹底令人卻步的環境，對另一半領域卻毫髮無傷。誰能預見萬一我們遇到一八九○年代中期著名的民粹主義局面，動盪的政治可能會帶來什麼狀況？我們透過管制，將資本排除在各種公用事業之外。誰說這種對資本

盈利能力的干預，不會擴大到大型工業公司身上呢？

▶ 工業中的政治干預

這並非毫無根據的猜測，政治干預已經擴大到這種程度，而這樣的作為肯定對大眾沒有任何益處。但是司法部對美國鋼鐵公司的行動（如今已經停止），顯示政客煽動民心的危險理論若強加於企業，他們可能會做出什麼事。我們可以肯定地說，集中化是現代生產的大勢所趨，在如美國鋼鐵公司那樣的統一管理之下，大宗商品最終將比大集團之下、數十個分散的子公司各自生產更加便宜。但是，一旦人們接受政治人物「規模本身就是一種罪過」的看法，就像過去一些負責部門毫不質疑地全盤接受那樣，我們很可能會在今後五年中看到令人擔憂的商業狀況。

▶ 塔夫脫總統繼承的政策

應該是在一九〇九年或一九一〇年初，我在白宮見到塔夫脫總統。當時我向他指出，得到政府支持、嚴重敵視鐵路公司的思想，正在癱瘓鐵路業的發展，而我們的監管

機構也在掣肘商業發展。

對此，塔夫脫總統雖然表示贊同，但態度十分謹慎。他辯稱我們不能再期待有過去那樣的快速成長，那是透過艱辛努力而實現投機期望所造就的。但他表示他傾向於相信，透過管制這些大企業來保護大眾安全，那是必須付出的代價。這是他承繼自羅斯福的「政策」，卻不能在一九一二年讓進步黨（Progressive）滿意！[2]

那次採訪時間並不長，談完這些話就結束了。但是，連十分正直誠實的塔夫脫總統都能接受那樣的看法，對於那些在州議會和州監管機構裡的小政客，不顧大眾要付出的代價，為了陳年舊怨而報復鐵路，我們又能對這些人有什麼期待呢？

▶ 作繭自縛

我們如此作繭自縛有什麼價值？難道要辯稱這麼些干

---

2 塔夫脫是老羅斯福的繼任者，在一九〇九年至一九一三年擔任美國總統。在他的任內，雖然延續老羅斯福推行的反托拉斯法等政策，但相較於走向進步主義的老羅斯福，塔夫脫的諸多政策仍趨向保守，引發人民不滿。這也使得原本已退位的老羅斯福，另組進步黨角逐第二十八任總統，在共和黨票數被分散的情況下，讓尋求連任的塔夫脫敗給民主黨的威爾遜。

預手段改善了鐵路服務嗎？如今鐵路餐車所提供的餐點，根本不如二十年前哈維（Harvey）餐飲為艾奇遜鐵路公司（Atchison）供應的餐點美味。由麥卡杜（McAdoo）先生創立的「標準鐵路餐」，讓受害者回想起來有如一場惡夢。

　　鐵路公司尚未恢復到舊有的服務水準。賓州鐵路公司與紐約中央鐵路公司，都曾經有辦法將紐約到芝加哥的交通時間縮減到十六小時。但是現在卻拉長到二十及二十二小時。車廂有比從前舒適嗎？鐵路服務員更加有禮熱情嗎？如果鐵路公司可以因為車廂沒有保持乾淨而解雇員工，卻不用面對勞工局沒完沒了的調查，那麼車廂就能保持乾淨了。但我們的立法與管制，卻使得鐵路業徹底失去服務精神。他們只是以漫不經心的態度競爭，讓自己的路線比同行有吸引力。鐵路公司有什麼誘因斥資開發那樣的吸引力呢？國會表示，如果有高明的投資達到超過6％的回報率，超出的收益都將被剝奪，這項規定讓鐵路公司無法利用收益支應發展。

▶ 真實的心理狀態

　　我們並未離題。我們是在追溯平均指數中、最重要走

勢的成因之一。打擊鐵路業不可能不打擊到其他方面，因為根據美國鐵路協會（Railway Business Association）列出的一大串名單，鐵路供給物資製造商在美國製造業所占的比率之高，甚至會左右所有工業。

如果在我們漸漸擺脫的江湖騙術年代，有個名詞因為濫用與誤用而令人厭煩，那就是「心理」。但確實有種真實的心理狀態——我們失去對自己的信任；我們胡亂干預供需法則而造成災難性後果，以致於無法回到原本放手任其發展的步調。

一個商業沒有自由的國家，不可能有真正的自由。沒有一種暴政比官僚主義更嚴苛、更愚蠢。舉例來說：賓州鐵路公司總裁雷亞不久前問我，要我猜猜他的鐵路公司一年要給華盛頓各部門提交多少份報告，這些報告主要是交給州際商業委員會。

我知道鐵路公司的報告數量有多龐大，於是保守地對他說，真正需要的報告一年是五百份，再把那個數字乘以二十；根據這個數字大膽估計，一年約一萬份報告。雷亞先生苦笑。他說，「去年我們光是為了匹茲堡以東的鐵路線，就做了十一萬四千份報告！」

▶ 改革還是革命？

沒錯，而且那還只是一家鐵路公司的一部分！將那個數字乘上全國所有的鐵路，看看官僚主義的繁文縟節，對大型公用事業的服務有什麼樣的阻礙，更損害其效率。感謝道威將軍（General Dawes）[3]，我們開始將一些常識注入到華盛頓的商業管理方法。但他顯然只是觸及皮毛。我們需要的改革幾乎相當於一場革命，因為我們不能忘了，就說商務部和勞工部這兩個例子，正在對全國商業界要求更多訊息、數據、文件報告，並浪費更多的時間。

▶ 改革的障礙及其後果

這是一種自找的障礙。我們只能怪自己。看看我所記錄下、塔夫脫總統十二年前就職時說的話。誰能讓辛巴達擺脫海上老人？只要政治人物還是可以強加這些障礙，我們如何期待商業出現全面繁榮，或是鐵路公司恢復過去的

---

3 美國銀行家、陸軍准將，後來的第三十任副總統。一九二一年，道威任職於美國行政管理和預算局（OMB），將效率和統一性的概念運用到美國政府的預算程序改革中，第一年就為政府節省了二十億美元。

活力與成長呢？

　　大家都受到了打擊。內布拉斯加的農民受到打擊，他們焚燒玉米，因為每噸的玉米比煤還便宜。對外貿易受到打擊。美國的煤礦資源領先全球，然而英國的煤礦卻輸入美國。英國已經取代美國在戰爭中建立的外貿地位。國會對商業的態度，不光是發展到對鐵路業有荒謬的偏見。若加以分析，甚至是抑制成功的布爾什維克思想——也就是讓個人不可能有大筆財富。

　　企業在立法機關遭到攻擊，並不是因為有投機風險，而是因為在美國的發展中，有些個人可能致富。不可能讓那些個人陷入貧窮，國家卻不會也陷入貧窮。我們要再次嘗試克里夫蘭第二任執政時期的實驗嗎？那難道不是個民粹主義與經濟蕭條的年代，我們對自己徹底失去信心與信任了嗎？如果現在的牛市告終，並開始浮現熊市的跡象，我們又將會遇到什麼呢？

第二十一章

回歸正常

RUNNING TRUE TO FORM—1922-1925

　　一九二一年的下半年,《股市晴雨表》首次以連續刊登的方式出現在《霸榮周刊》專欄,當時並未以本書後來出版時採用的順序編排章節。其實,針對道氏股價走勢理論的研究,最初並未考慮讓它付梓成書。像我這種不可救藥的新聞記者,會稱這系列的寫作為「新聞任務」。

　　在某種程度上,本書帶有當代評論的性質,尤其是重要章節之一,例如第十五章〈曲線與實例〉。那篇文章提交給《霸榮周刊》的編輯時,是以完全不同的曲線案例去解釋。

▶ 例證說明的「曲線」

　　所有研究平均指數的人都記得一條通則常規：每日平均指數形成的「曲線」，顯示籌碼分散或集中；而在出現飽和或稀缺之後，平均指數在曲線上下的移動，是顯示股市未來走勢的重要暗示。很顯然，超出「曲線」的漲勢，代表多日的交易區間都在大約3點的範圍內，顯示股票的流動供給已經枯竭，有必要抬高價格，才能吸引新的賣出量。

　　相反的，走勢低於曲線則代表熟悉的飽和點，烏雲就會化作暴雨。接著，市場會有一波明顯的衰退，直到股票再次吸引買家為止。

　　第十五章交給《霸榮周刊》編輯的時間，是在一次重大熊市走到底部時。最初我選擇用來說明的曲線，當時正在形成。編輯認為這樣的預測太過大膽，但是我非常樂意將道氏理論和我對該理論的想法，進行嚴格的檢驗。因為那個結果就是對道氏理論的絕佳驗證。但謹慎思慮占了上風——最終我用以舉例說明的曲線，是第一次世界大戰爆發前、一九一四年五月、六月，及七月期間的股票活動

（或者應該說是平淡遲滯的股票活動）。選擇這樣的例子為證無疑是正確的，包括從歷史意義及本書後來的權威性來看，而讓我感到欣喜的是，本書取得了它應有的地位，發行量遠超出出版商保守預期的數倍。

真正做到為人熟悉、因而令人習以為常的，是本書將道氏理論實際應用到市場上，並積極實在地預測到本系列文章在《霸榮周刊》專欄刊登期間到來的大牛市。有人要求我在這次的新版本，給這個主題加入最新資料，指出在《股市晴雨表》初版至今三年以來，理論獲得哪些驗證或修正。這個主題應該有趣又實用，雖然有必要從這些專欄文章及《華爾街日報》的專欄找出例子，說明一九二二年以來道氏理論的成功應用，但我希望自己能有一輩子的幽默感，不會讓我沉迷在吹噓自己的預言家靈感。

◉ 幾個成功預測的例子

自從本書出版以來，市場經歷過一波主要上漲牛市的走勢，從一九二一年八月二十四日到一九二三年三月二十日，工業類股上漲超過61點，鐵路類股從一九二一年六月二十日的65.52點，上漲至一九二二年九月十一日的

93.99點，共上漲28.47點；工業類股在隔年三月創下高點時，鐵路類股也僅下跌約3點。《華爾街日報》與《霸榮周刊》對這次牛市走勢的看法都相當明確，前者在一九二二年二月十一日指出，「目前大盤走勢呈向上趨升。」那篇分析的最後一段意義重大：

「因此，我們給詢問者的答案是，我們依然處於牛市之中，而且走勢應該會繼續下去，可能持續到一九二三年，肯定有一段時間會超過其預測的整體商業改善程度。」

這段的意思足夠明確，不僅是從道氏理論去解讀股市走勢，更指出在晴雨表上升之後，整體商業情況將有改善。當二十檔工業股上漲26點，或者說在接下來的六月時，《華爾街日報》刊文指出：「我們沒有理由認為目前的牛市將在幾個月內進入尾聲。」別忘了，這次牛市的走勢其實延續到一九二三年三月。曲線的存在是在一九二二年五月八日指出的，只是並未由此得出空頭推論。到了五月二十二日提到牛市捲土重來，同時再次推論將「延續到一九二三年」。

我在六月十六日於波士頓接受訪問時提到這一點，我

重複強調股市可能更進一步往上走，而且大約在此時若出現「次級回檔」會更好。而在七月八日刊登的〈股價走勢研究〉專欄中，提到鐵路平均指數的走勢有受阻的傾向，但接著又指出：「即使有這個但書，我們仍然要說平均指數明確透露出多頭跡象。」

▶ 次級下跌

我們在本書的其他地方說過，預測次級下跌是一種有風險的事，在此也不鼓勵，只不過《華爾街日報》與《霸榮周刊》九月時預期會有一波回檔，並在九月十九日時確認。那些嘲笑的人，特別是看錯市場的人，或許會說這只是湊巧猜對了，但是到了九月三十日，工業股卻是從多頭走勢的高點回落將近6點，鐵路股則下跌超過4點。十月十八日時，〈股價走勢研究〉專欄指出：

「今天的股市在經過典型的次級下跌之後，清楚顯示它恢復了自一九二一年八月開始發展的大盤上揚走勢。」

若要一一列舉這些預測會令人厭煩。我比較喜歡稱之

為「推論」。十一月三日時再次做出看多行情的推論。一直到一九二三年一月十六日，雖然當時還在討論這次「漫長但絕非空前的次級下跌」，但大盤顯示那段時間依然是由上升趨勢在主導。

▶ 短暫的熊市走勢

　　為了方便起見，我們可以說這次短暫的大盤熊市波動，是工業股在一九二三年三月達到頂點之後出現的。四月四日的〈股市走勢研究〉專欄，讓市場從籌碼分散線注意到熊市的跡象。綜合來看，這次熊市延續的時間並不長，而且值得注意的是，儘管對「股價走勢」的研究看跌，卻遲遲不願承認這是一次重大的跌勢，明顯是受到先前的多頭走勢確定放緩所影響。

　　這次跌勢的型態，仍看似更像是牛市中的次級下跌。就工業類股來說，工業平均指數於一九二三年十月二十七日下探至最低點，整體共下跌了20點；而在同一天，鐵路類股共下跌超過17點，但實際的最低點卻是出現在先前的八月初。

　　為了方便記錄，我們將這次明顯短暫的熊市走勢，當

成一次主要行情，但合理的說法可能是將目前的牛市行情，定為「始於一九二一年的轉折」，當時《股市晴雨表》的系列文章正連續見報，而我們甚至遭受「草率看多行情」的諸多指控。

▶ 交易稅賦的影響

「稅賦」無疑是對股市的新影響，這也反映在平均指數中。一九二三年，國會整個夏天都在會期當中，當年的八月二十九日，《華爾街日報》仔細研究了政治對商業的危險干預，扭曲、或者很大程度地抵銷了商業本身的晴雨表功能。所得稅與附加稅（surtax）當時正處在最高點，《華爾街日報》指出：

「晴雨表在過去幾個月，為什麼遭到先前牛市不曾感受到的一種力量影響而有所偏差，這是有原因的。這個影響力無疑是所得附加稅的累加效果。」

「證券經紀人可以看出，只要出現相對強勁的發展，大型持股人就會一直穩定地賣出那些支付股息的普通股，

而這類股票在兩種平均指數的四十檔股票中，占了三十檔。雖然這個因素在一九二一年秋天的牛市就開始形成，但稱之為新因素並無不妥。股市晴雨表整個理論所根據的假設是，股票承受的壓力只能預測整體業務即將出現的變現。但目前是平均指數史上第一次，股票賣壓無關即將到來的事件。」

「這就有如在溫度計的球部，放上一塊熱炭或冰塊。如果期望國會在稅賦問題上恢復理智是奢望的話，那麼這個情況最終仍會不藥而癒，但時間會超過目前的估算。當二十檔活躍的鐵路普通股及二十檔工業股，每一檔都像賓州鐵路公司股票一樣廣為分散持有（該公司的平均持股約為每位股東50股），就能回歸那個正常階段。」

「有錢人承擔不起報酬率為成本6％的普通股。他不但有超過一半的報酬要被稅收機關扣除，而且持有股票會提高其他所有收入必須支付的稅負。因此，他們在過去多個月來穩定賣出，而且這是帶有報復性的『內部』賣盤。一方面，這是消息靈通的拋售行為，但未必見得是在預測商業的整體方向。而徵收離譜稅收的國會，不但是給美國

的商業設置障礙，更扭曲了商業的晴雨表。」

國會方面，正在逐步排除這個暫時性的影響，但是各州的稅收制度必然仍會有一些無法完全忽略的影響。

▶ 新的牛市

如果說我真心希望自己沒有寫過《股市晴雨表》，那就太虛偽了。但說真的，我很遺憾親眼目睹，那些股票情報販子和市場騙子粗糙竄改道氏的整套理論，用以支持他們憑藉對平均指數解讀原理的一知半解，得出的謬誤結論。一九二四年二月四日，《華爾街日報》對「情報販子」的叫囂厭惡不已，暫緩在社論中討論股價走勢：

「根據以道氏理論為名的平均指數解讀方法，股市正處於一波重大的牛市行情，先前是紀錄中最短暫的大盤熊市行情，持續時間僅有八個月。以目前走勢的低點來看，可推測這次牛市是從十一月一日開始；但是在工業與鐵路平均指數都形成紀錄中最一致的籌碼集中線以後，市場才在去年（一九二三）十二月轉為多頭。」

這篇社論提到一個極為符合條件的牛市成因，即「股票價格遠低於價值線」，而且並未反映商業正當擴張的可能性。這一次，晴雨表又再度做出正確的預測。不久，商業擴張出現了，直到那一年的下半才減緩。這次正好遇上兩種平均指數的大幅度次級下跌，工業指數從八月二十日的高點105.57點，跌至十月十四日的低點99.18點；鐵路平均指數的回檔跌幅則超過6點。兩種平均指數都在十月十四日觸及走勢低點。

從那之後，牛市行情進入活躍階段，在總統大選後立刻產生巨大活力，若干股票情報販子建議投資人獲利了結並做空市場，其理論是「利多出盡」。而柯立芝實際上是以四十比一的選票比率，打敗戴維斯[1]──選前的公開預測是十二比一──所謂的「利多消息」，其實就是晴雨表先前預測的整體商業恢復擴張。

1　柯立芝（Calvin Coolidge），共和黨人，美國第三十任總統，在一九二四年的大選中擊敗民主黨的戴維斯（John W. Davis）。

▶ 技術條件有變

目前的牛市，發展出一個先前不存在的技術條件。以下大體上是我在其他場合對此一條件的評論：

根據道氏理論知名的「三重市場走勢」（分別以工業股與鐵路股的平均股價進行比較）研究股市後發現，該理論在預測股市大盤上揚走勢及其持續時間上，表現出驚人的準確性。不過，目前的重大牛市行情受到前所未有的情況支配，考慮那個「限制條件」的影響就很重要了。

證交所管理委員會（Stock Exchange Governing Committee）過去多年來一直在強化對商業行為的管制，特別是未上市部門廢除以來，但是，比較嚴格的管理制度完全是不久前才發展成形的。主管單位是到過去一、兩年，才規定實力最強大的證券經紀公司，每個帳戶可以有多少資本。在不久之前，這些證券經紀公司可以盡全力攬下業務，靠著自己的聰明才智，想方設法在大牛市行情維持膨脹的帳戶。

但這一切已經大為改觀，現在有數量可觀的證券經紀公司，為顧客提供交易所法規容許範圍的所有股票服務，已經是公開的祕密。他們的地位十分穩固，但是政策明顯

改變了。在牛市中賺錢的方式，就是趁上漲走勢篤定之際，盡最大能力買進，擴大多頭帳戶的獲利，緊抓住你的大部分籌碼，在走勢明顯強勁的時期賣出，並在不可避免的次級下跌時，補足你可負擔的持股分量。

但這不是證券經紀公司想要的顧客。這意味著這些顧客將占用大量的資本，幾個星期只能賺取一次買賣佣金。證券經紀人喜歡顧客每天支付佣金，雖然這對顧客來說絕對不利，因為猜測每天的波動不是投機，更像是賭博。

針對證券經紀人的新限制規定造成的一個結果，就是買進少量股票（大多以現金購買），有錢的顧客則透過紐約以外、美國許多地方的銀行業者，用自己的多頭帳戶融資。這造成一些不確定性，例如多頭帳戶的真實規模，但也帶來至今仍未知的穩定，因為同時間湧現賣單的可能性變小了。

以這種自然的方式演變，結果可能就是業務集中在少數幾家公司，每家公司的流動資本，都大幅超出目前認為必要的水準。但至少可以確定的是，新的狀況並不會改變解讀股市晴雨表的規則。

▶ 晴雨表顯示的跡象

如果在本章結束之前，我對一九二五年八月撰寫晴雨表時發現的跡象及想法閉口不談，那我就是膽小且沒擔當。

現在顯然有一個強大且分配平均的多頭帳戶，而且平均指數絕無顯示牛市已經告終的跡象。從一九二三年下半年的短暫熊市結束算起，這次主要走勢的延續期間還不長，依然有許多股票明顯以低於價值線的價格賣出。如果我們可以計算出一條價值平均線，我認為這個假設用在鐵路類股完全準確，用在工業類股則是部分準確，儘管它們的漲幅可觀。所有跡象都指向行情走勢會更進一步上揚並延續到隔年，只不過，期間也會有很大部分的股票出現次級下跌。

從《股市晴雨表》初版以來，並未發生什麼事動搖我的信念，我依然相信以常識解釋股價走勢大有用處。這對個股來說或許沒有價值，除了那些只在大盤整體趨勢向上時，才會一起明顯上漲的個股。投機者選擇的個股可能走勢落後於大盤，或者始終沒有跟上大盤。我對鼓勵大家在華爾街進行投機並沒有太大的興趣，但我很高興美國商業

界注意到這樣一個晴雨表指南。股市晴雨表雖然受到某些權威人士的大肆批評，但它對美國整體商業依然大有用處。

第二十二章

給投機者的幾點想法

SOME THOUGHTS FOR SPECULATORS

　　許多年前，南方的某一州有一條法律，禁止任何涉及賭金的博弈遊戲。不用說，如此愚蠢的法律，大家認為「違反比奉行更光榮」。

　　不過，其中一個小城鎮的警長決定執行這條法律，並逮捕一群在穀倉裡玩尤克牌（euchre）的年輕人。當時的法院還沒有被勞累的例行公事搞得負擔過重。被告的辯護律師雖然承認他「不幸的當事人」確實在玩尤克牌，但他認為那並不是賭博，這個說法並沒有讓人覺得奇怪或是不自尊自重。由於法官和陪審團員自己也有玩牌的習慣，因

此對這個論點抱持懷疑。

　　不過，辯護律師毫不畏縮地說：「如果法官閣下容許我用少許時間，向陪審團示範這個遊戲，我確信可以說服他們，尤克牌並非賭博。」

▶ 你在賭博嗎？

　　律師的話似乎十分合理，於是陪審團和律師被關在一個小房間裡。沒過多久，好幾位陪審團成員就傳話出來，向朋友借了一些零錢。大約過了一個小時的「示範」之後，陪審團回到法庭上一致裁定，「尤克牌不是賭博！」

　　如果我沒有討論投機行為，同時給投機者們提出一些實際的忠告，本書的內容就缺乏完整性。投機行為必然牽涉到大量的運氣成分。但往往是投機者本身，將投機行為變成純粹的賭博。

　　我不知道上述故事中的南方律師做了什麼，讓陪審團相信尤克牌戲潛藏的必然性。但是毫無疑問的，如果業餘人士帶著自己屢屢展現的愚蠢進軍華爾街「投機」，專業人士用不著欺騙作弊，就能讓他們知道，他們的那種投機行為不是賭博。

⏵ 晴雨表的真正保護作用

我必須反覆強調的是，道氏股價走勢理論並非是打敗市場的方法——它並非迅速致富的方案，也沒有辦法把華爾街變成某種湯姆·提德勒遊戲（Tom Tiddler's ground）[1]，只要花點錢繳保證金就能賺得金銀。但如果今天的聰明投機者（許多時候是明日的聰明投資人）無法靠著認真研究股市晴雨表，找到在股市中保護自己的方法，那麼本書在這方面就算失敗了。

如果投機者正確理解主要趨勢，就是有了切切實實的收穫；如果只是靠著他信任的某個人，給他一檔不曾聽過的股票消息，在沒有查明大盤行情究竟是上漲還是下跌的情況下就涉足華爾街，那就有極高的機率讓他的保證金全軍覆沒，沒能獲得合理的「滿意報償」。

相反的，如果他知悉市場走勢代表的意義，並了解牛市之中典型的次級下跌之後，清淡市況所能帶來的機會，那麼他獲利的可能性就大大增加了。至於獲利的多寡，則取決於若干的考量因素，而沒有考慮到這些的人顯然只會

1　意指一種古老的兒童遊戲，玩家在自己的領地上試圖佔領或驅逐對方以獲得金銀。

在華爾街賠錢，令其餘生都在指責證交所是個賭窟。

▶ 投機與賭博

對這些人來說，所有的股票看起來都差不多，但它們其實並不相像。就保護完善的投機活動來說，在一個成熟健全的市場——即股票廣泛而平均地分配持有——像美國鋼鐵公司普通股這樣的股票，和場外市場最新發行銷售的汽車股或石油公司股，兩者有天壤之別。後者或許不錯，但是尚未經過檢驗，無論是新公司的業務方向，還是股票的市場表現。

有一條明智可靠的基本規則，就是局外人在買進那些場外交易的股票時，應該全款買進；用保證金買進在本質上多半是賭博。我不是在義正嚴詞地討論賭博的道德問題。除非涉及貪婪，否則我不知道賭博違反哪一條戒律，而且就像我認識的一位聖公會主教，我們曾拿點小額現金一起玩競叫橋牌，發明新罪惡與我的工作無關。

但是，在只為了出售股票而人為操縱存在的市場，業餘交易者以保證金交易一檔只有二手消息的證券，那不過是賭博。選擇進行這類投機的人，應該將自己的冒險行為

視為跟賭馬一樣。他應該留意將自己的損失，限制在賭輸時能夠承擔的範圍之內。

投機是另一回事，而我希望「投機本能」永遠不會潛藏在美國人的心中。如果真的有那麼一天，甚至讓政府禁令擴大到「不可因冒險而有造成全部或部分損失的風險」，其結果可能是造就美國「良民」，但那只是消極負面的良善。如果你踏進華爾街，在百老匯暫停片刻，透過三一教堂墓園的柵欄，你會看到一個滿是美國良民的地方。當投機行為消亡，這個國家也會跟著消亡。

▶ 不該碰的股票

讓我們暫且假設：局外人已考慮過股市主要走勢與趨勢的特性。接下來就是要挑選股票。這位業餘人士想要讓資金快速運作，不願費事地徹底研究他打算拿自己的小額資本冒險的股票。此時有一個有用的常規：小型投機者根本不應該用保證金帳戶，去交易一檔還未形成固定市場的股票，包括那些新發行的股票，或大部分股份掌握在決定公司政策之人手上的股票。

當然，這是一個理想、卻難以遵守的建議，但起碼在

做這樣的冒險時，應該盡量淺嚐即止，只買進必要時你能夠「自行籌資」的股票。

當一檔股票在證交所掛牌上市的時候，通常意味它已經有了可靠的市場，只不過仍存在少數人掌握太多股份的風險，就像斯圖茲汽車公司的情況。這種股票最好別碰，只有投機者因為業務本質而得以接觸到特殊資訊，才能將資金投入有這種特性的股票，即便如此，也要確保你的保證金十分充足。

▶ 關於保證金

這又帶到了保證金的問題。華爾街有許多可以避免的損失，都是由於對保證金數量的錯誤理解而造成的。四處尋找業務機會的證券經紀人，他們告訴新手，如果他們能夠保證無論市場如何波動，他們都能履行對證券公司的支付，那麼10點（points）保證金就夠了——這代表100股的票面價值一千美元。那樣的保證金其實並不夠，或者只能說勉強足夠。

查爾斯‧道在二十一年前曾撰文指出，「若以10％保證金買進100股，並在2％停損，其實就損失了將近四分

之一的資本（含佣金）。」顯然不用多久，這個人就得出局。道氏十分謹慎，但他說得並不偏頗。他指出，如果這個人當初以10股為單位開始買進，就算有巨大損失，但假使他最初推測該股售價遠低於其價值的看法正確，那麼平均下來，最終仍然有獲利。當然，一個只有一千美元的交易者，不會一開始就買100股，除非股票價格非常低。美國鋼鐵公司普通股就曾有一段時間價格低於十美元。

▶ 小交易員與大操盤手

小型交易員的另一個錯覺，就是認為他應該分批買進計畫中的股票數量——每下跌1點就增加持股，直到完成他認為自己可以負擔的數量。但是為什麼不全部在最後的價格買進呢？如果他打算以20股為一批買進100股，並預期該檔股票會下跌5點，其實就和他原先決定交易時所根據的假設相矛盾。他並沒有通盤考慮各種因素。如果這檔股票可能下跌5點，那麼這次的買進就沒有他所想的那麼明智。

大操盤手如古爾德，確實會那樣買股票。但他們不是用保證金交易（除非透過自己的銀行給大部分的股票融

資），而他們買股時的考量，對於那些想在華爾街檢驗自己判斷的小投機者，根本遙不可及。此外，像古爾德那樣的人，本身就能給他買的股票賦予價值。他知道不可能在牛市期間買下所有想要的股票，所以大有可能在重大熊市行情期間就開始買進一家公司的股權。

小型投機者沒有能力採取這樣的看法，除非他打算像從事其他事業一樣，全神貫注只關注股票交易。這樣做的人很多，而我在先前的討論中也提過這種成功案例。但我們現在說的人，是用自己的判斷進行投機，卻同時對其他行業有興趣。這一類的投機者只要有一點常識，沒道理在市場上不能有更多成功的機會。

但如果他偶然監聽到一個朋友說，「買100股的A.O.T.股票，什麼都別問。」就拿他僅有的一千美元去買進，那麼賠錢也怨不得誰了——他是賭徒，不是投機者。要是他拿錢去賭馬，還會更開心；他在戶外會度過健康的一天，而且會發現賽馬比股票報價器更精彩有趣。

▶ 道氏語錄

一九○一年七月十一日刊登的《華爾街日報》社論

中，查爾斯·道寫道：

「無論投資人的資本大小，如果期望股票交易的資金回報率是每年12%，而非每週50%，那麼長期下來的投資結果應該好上許多。經營私人事業時，大家都了解這一點，但是那些謹慎小心經營商店、工廠，或不動產事業的人，似乎認為處理股票應該採用迴異的方法。大謬不然。」

道氏在同一篇文章中繼續指出，投機者從一開始就可以避免將自己捲入財務窘境，只要將交易控制在與資本相匹配的程度，保持清楚的判斷力，並有足夠的能力在虧損之後減少損失；獲利繼續投資；轉換其他股票，並大致能從容大膽地操作，不會因為明知安全係數小而飽受約束，在結清帳戶之前只能焦慮地喘不過氣。這個道理至今看來依然睿智。踏進華爾街的投機者必須學會接受損失，而且迅速學會。

我之前說過，因為剛愎自用而在華爾街虧錢的，比其他原因都多。如果你買了一檔股票，卻發現股價快速下跌，那就是你沒有周密地考慮所有狀況。**只要你籠罩在「輸掉所有資本」的恐懼下，就無法公正無偏見地做考慮。**

除非你跳出去，客觀地觀察，否則無法有不偏不倚的清楚觀點。當你身陷虧損的投機之中，你就像在森林中迷路、見樹不見林的人。

▶ 避免交易不活躍的股票

讀者應該還記得我說過的一個故事，一個幫古爾德在證交所執行交易單的年輕人，他拒絕了成為古爾德的合夥人，因為在那個年輕人看來，古爾德似乎一直在虧損。他的眼界不夠寬，沒有看出這些不成功的交易只是古爾德試探性的買盤，而古爾德在相當篤定抓到市場轉折點時，可能還雇用了其他證券經紀人。這也說明了買進那些只是偶爾活躍的股票有多危險。即便證券經紀人今天能交易得很好，但是不活躍的股票在銀行抵押貸款時並不受青睞。

就連經紀人自己也不知道明天能否如此順利地交易這類股票。而開啟這類股票走勢的特殊情況，或許經過幾天的熱絡交易就會被充分消化，接下來可能有好幾天會連一筆交易都沒有，於是賣方不得不讓步才能找到買方——通常是專業人士才會承接這種服務，他們會向所有買賣交易收取費用。

像這樣的股票根本不應該用保證金交易。但是那些業務與鋼鐵或紡織業密切相關的人，很有可能會持有美國鋼鐵公司、伯利恆鋼鐵公司（Bethlehem Steel），或美國羊毛公司（American Woolen）的股票，因為他們認為這些股票就算不會始終活躍，但至少一直有市場。

▶ 略述聯合證券交易所

　　我在紐約證交所有很多朋友，但是在華爾街其他地方也有朋友。零股經紀人主要是給低於100股的交易尋找市場，專門從事這種業務的公司不到十家。但「聯合證券交易所」（Consolidated Stock Exchange）為那些小量股票交易提供一個正規市場。它在各方面都是聲譽良好的機構，其會員接受的檢驗審查，與投機者雇用經紀人時所做的查察相同。小型業餘交易者只要選擇真正活躍的股票，同樣可以在聯合證券交易所取得好成績。

　　這類股票「經過時間考驗」且持股分散得十分平均，不同於在場外市場協會（Curb Association）掛牌交易的股票。我並不是說後者不好，但是場外市場交易的證券，在銀行貸款中往往不受歡迎，而且我強烈懷疑一家場外交易

公司宣稱的「一律以10%的保證金為顧客進行交易」。

　　一定要把「用保證金交易」的想法逐出腦海。如果你是一個成功的交易員，保證金會是一個很好的工具。但如果你從商，或全家生計仰賴投資所得，那麼投機損失應該要控制在不至於讓你感到痛苦懊悔的金額。這樣說或許有違常理，但是有句話說得有道理——當我們開始冒著承擔不起的風險，去爭取得不到的東西，那就是賭博。

▶ 小談賣空

　　「股市晴雨表」對投機者有什麼幫助呢？許多方面都有。除非是在極為罕見的情況下，否則投機者不可能期待股票違逆大盤趨勢而上漲獲利。如果他能在大盤下跌趨勢中偶爾出現的反彈漲勢裡，成功進行投機，那麼他的消息必定超乎尋常地靈通，而且幾乎是天生就會解讀市場。

　　我很少說到賣空。企圖在牛市中賣空的人，純粹是在猜測市場會出現次級下跌，除非他是場內交易商，或者全心投入投機事業，否則肯定會賠錢。我不是在探討賣空的道德性，因為我認為投機交易根本與道德問題無關，只要別墮落到拿別人的錢去賭博。全世界的所有市場必定都有

大量的賣空交易。

　　一個去舊金山旅遊的人會把自己的股票鎖在紐約的保險櫃中，但是他不可能等到回到紐約後再賣出股票，因為這樣會錯過市場行情。如果這個時候他賣出股票，他就是在賣空，而且是借券交易，直到他返回紐約後才會正式交割。

　　只不過，按照平均指數的定律，就算只看牛市的「延續時間」，通常也會比熊市長了許多，做多賺到的錢還是遠多於做空。賣空這樣的操作最好交給專業人士，特別是那些認真研究市場、瞭解遊戲規則的人。

▶ 在回檔下跌時買進

　　無論對股市晴雨表的了解有多少，都沒有人能夠絕對地判斷出熊市轉為牛市的轉折點。在確立明確的趨勢之前，市場可能會有幾個星期的窄幅波動，這從先前我們對市場走勢的研究中可以看得出來。

　　那些走向不明朗的波動，會使得投機者的資本被經紀人佣金和利息吞噬掉，更別說要等到市場轉折的時候了。但是一旦重大多頭趨勢確立，成功地買進股票追漲就成了

可行的主張。如果在完成買進時，大盤走勢反轉帶動股票回檔下跌，投機者應該毫不遲疑地認賠，並等待一段大盤牛市中次級下跌之後、必然會有的低迷時期。

這時他可能再次買進，但不是根據前文所揭露「隨著股價下跌而一路買進」的錯誤假設，而是「**隨著市場上揚而增加持股**」。如此一來，每次上漲都會增加他的安全係數，只要他的持股「金字塔」不要疊得太高，帳戶也沒有過度擴張持股而成為引人攻擊的標的，並且使用「停損單」保護自己，那麼這位投機者的獲利很可能遠遠超過最初的預期。

我們聽過很多人在華爾街賠錢，卻很少聽說有人在華爾街賺大錢。根據我的經驗，後者這一類人不會張揚多說；而且一般人也不會將自己的成功發達歸因於靠投機發跡。他們更喜歡稱之為「明智的投資」。只要買方能夠履行合約條款，靠抵押貸款買房子和用保證金買股票，兩者並沒有什麼差別。

在這個欣欣向榮的偉大時代，人人都愛管別人家的事，但我還是想說，只要投機者是運用自己的資源，包括在銀行借貸，那麼他怎麼買賣股票都與旁人無關。

▶ 賠錢的方式

還有另一類投機者也很普遍，他們之所以賠錢，是因為忘了自己最初進入市場的初衷。

有一位與我相識的投機者，問我對艾奇遜鐵路公司普通股的看法。我告訴他那條路線的前景如何、賺得的利潤超出它的股息許多，以及美國那個區域的鐵路整體前景如何。他做出的結論是：艾奇遜鐵路普通股（在此僅為舉例）很便宜，於是買進一些股份。如果他願意向經紀人支付大量的保證金，或者立即付清全款，並且對該檔股票的日常波動置之不理，他很有可能會賺到錢。

只不過，這位投機者聽信了小道消息，尤其是「交易商拋售」、「國會調查」、「威脅罷工」、「農作物歉收」，以及其他種種。他忘了市場在全面估計股票的預期價值時，已經考慮到這一切。小小的波動就令他焦慮緊張，認賠該檔股票後決定再也不要問我的意見。至少我希望他做這樣的決定；然而很遺憾，他沒有。他再次找上我，這次他根據別人的意見做出了所謂「自己的判斷」，想看我會不會說出什麼以推翻他的判斷。

▶ 另一種賠錢的方式

再說一種容易在華爾街賠錢的方式。

某位投機者獲得正確的情報，得知即將有一波短促行情，也許某檔個股能回補4點。他注意到那檔股票一直很活躍，卻沒怎麼注意到，預期的4點漲幅已經有1.5點反映在股價漲勢中了。幾經猶豫之後，他買進了那檔股票，但此時行情差不多也結束了。他注意到自己有小幅獲利，但此時股票行情沉悶。那波特殊行情結束了。專業人士的注意力轉移到其他股票，而他的股票跟著市場下跌，或者被大筆利息消耗了。但他依然執迷不悟，沒有發現自己錯過了良機，如果他能理智看待，就知道這其實是一堂價格低廉、卻富有教育意義的教訓。

這個投機者也忘了自己最初購買股票的原因，就像當初他用「永久價值」買進一樣。如果他所預期的特殊行情未能實現，他就應該要認賠或接受令人失望的微薄利潤，並等待另一次機會。但是我認識的大部分投機者都有同樣的問題——他們不僅記性不好，還缺乏耐心。他們始終是淺嚐即止，但隨著市場行情的浪潮過去，他們遲早會被帳戶困住，進而讓所有的資源都被套牢。

▶ 最後的想法

說到這裡，我對股市晴雨表的探討已經結束了。我問心無愧，因為我並沒有鼓勵軟弱的人去賭博，或者加快傻瓜與其家產分道揚鑣的速度。至少在這方面，每個人都是自由的個體。儘管有各種法律約束個人，人人也都能享有應得的自由。我們可以想像有一套阻止投機行為的法律，雖然這麼做肯定會癱瘓美國的商業，但我們無法想像，會有強迫一個人去華爾街進行交易的法律。我在本書中所說的一切，就是要告訴你該如何保護自己——至少要讓你感覺到，你不但有可以公平競賽的機會，而且在競賽的最後還能獲得獎賞。

附錄

道瓊平均指數的組成

APPENDIX

　　道瓊平均指數是以個股每日的收盤價編纂而成。若有某檔股票當天沒有交易，就採用前一個交易日的收盤價計算。最初報價都是以百分比計，直到一九一五年十月十三日，證交所才規定所有的股票應以美元為每股交易的計價單位。[1]而指數的計算基礎為：二十檔鐵路股的收盤價相加

1　為了股價指數的連貫性，原先以50美元為票面價值的賓州鐵路、雷丁鐵路，改以百分比計算，市場報價則加倍。此外，經過一九二四年的資本重組，美國車廂鑄造公司及美國菸草公司，以新發行的2股新股取代1股舊股，報價折半，股價亦必須翻倍計算，如同前述的兩檔鐵路股。

（包含乘以二後的賓州鐵路與雷丁鐵路），得到的總數除以二十，即「鐵路股平均指數」；二十檔工業股的收盤價相加（包含乘以二後的美國車廂鑄造公司及美國菸草公司），得到的總數再除以二十，即「工業股平均指數」。

以下便是本書所述，截至一九二五年八月三十一日，納入道瓊平均指數之中，二十檔鐵路股與二十檔工業股的名單：

▶ 二十檔鐵路股

1. 艾奇遜鐵路
2. 伊利諾中央鐵路
3. 雷丁鐵路
4. 巴爾的摩與俄亥俄鐵路
5. 路易斯維爾與納許維爾鐵路
6. 聖路易西南鐵路
7. 加拿大太平洋鐵路
8. 紐約中央鐵路
9. 聖保羅鐵路
10. 切薩皮克與俄亥俄鐵路

11. 紐哈芬鐵路

12. 南太平洋鐵路

13. 德拉瓦與哈德遜鐵路

14. 諾福克與西部鐵路

15. 南部鐵路

16. 德拉瓦—拉克瓦納與西部鐵路

17. 北太平洋鐵路

18. 聯合太平洋鐵路

19. 伊利鐵路

20. 賓州鐵路

▶ 二十檔工業股

1. 美國製罐公司

2. 肯尼柯特公司

3. 美國車廂鑄造公司

4. 麥克貨車公司

5. 美國機車公司

6. 西爾斯公司

7. 美國冶煉公司

8. 德克薩斯公司

9. 美國糖業公司

10.美國不動產公司

11.美國電話電報公司

12.美國橡膠公司

13.美國菸草公司

14.美國鋼鐵公司

15.通用電器

16.西聯公司

17.通用汽車

18.西屋電器

19.萬國收割機公司

20.沃爾沃斯公司

股市晴雨表
判斷股市多空轉折的百年金律
The Stock Market Barometer

作　　　者	威廉・彼得・漢密爾頓	
譯　　　者	林奕伶	
主　　　編	郭峰吾	

總 編 輯	李映慧
執 行 長	陳旭華（ymal@ms14.hinet.net）

社　　　長	郭重興
發行人兼 出版總監	曾大福
出　　　版	大牌出版／遠足文化事業股份有限公司
發　　　行	遠足文化事業股份有限公司
地　　　址	23141 新北市新店區民權路 108-2 號 9 樓
電　　　話	+886- 2- 2218 1417
傳　　　真	+886- 2- 8667 1851

印務經理	黃禮賢
封面設計	萬勝安
排　　版	藍天圖物宣字社
印　　製	成陽印刷股份有限公司
法律顧問	華洋法律事務所　蘇文生律師

定　　價	480 元
初　　版	2020 年 10 月

國家圖書館出版品預行編目（CIP）資料

股市晴雨表：判斷股市多空轉折的百年金律 / 威廉・彼得・漢密爾頓著；林奕伶
譯 .– 初版 . -- 新北市：大牌出版，遠足文化發行，2020.10 面；公分
譯自：The Stock Market Barometer
ISBN 978-986-5511-38-8（平裝）
1. 道氏理論　2. 投資分析　3. 投資技術

563.52　　　　　　　　　　　　　　　　　　　　　109012889